THÈSE

POUR LE DOCTORAT

ÉTUDE HISTORIQUE

SUR

SAINT ENNEMOND

PAR

L'ABBÉ J.-P. CONDAMIN

LYON

LIBRAIRIE ANCIENNE D'AUGUSTE BRUN

13, RUE DU PLAT, 13

1876

ÉTUDE HISTORIQUE

sur

SAINT ENNEMOND

VIIe SIÈCLE

250 exemplaires

---

50 sur papier de luxe

St ENNEMOND

ÉVÊQUE DE LYON

SAINT ENNEMOND

ÉVÊQUE DE LYON

SA VIE ET SON CULTE

PAR

L'ABBÉ J.-P. CONDAMIN

Pro justitiâ agonizare, pro animâ tuâ ;
et usque ad mortem certa pro justitiâ, et
Deus expugnabit pro te inimicos tuos
Eccli., iv, 33

Mementote præpositorum vestrorum, qu
vobis locuti sunt verbum Dei. *Hebr.*,
xiii, 7.

LYON

LIBRAIRIE ANCIENNE D'AUGUSTE BRUN

A L'ENSEIGNE DE LA PROVIDENCE

13, RUE DU PLAT, 13

1876

A MONSEIGNEUR

L.-M.-J.-E. CAVEROT

ARCHEVÊQUE DE LYON ET DE VIENNE

PRIMAT DES GAULES

Hommage d'une profonde vénération

J.-P. CONDAMIN

INTRODUCTION

Augustin Thierry était bon prophète lorsqu'il écrivait, il y a cinquante ans : « Je crois le moment « venu où le public va prendre plus de goût à l'his-« toire qu'à toute autre lecture sérieuse. *Peut-être « est-il dans l'ordre de la civilisation qu'après un « siècle qui a remué fortement les idées il en vienne « un qui remue les faits ; peut-être sommes-nous las « d'entendre médire du passé, comme d'une personne « inconnue ; peut-être, enfin, n'est-ce qu'un goût lit-« téraire (1) ».*

J'ignore, ou du moins ce n'est pas le lieu d'établir si l'ordre de la civilisation *appelle rigoureusement* un siècle qui remue les faits, après un siècle qui a remué fortement les idées ; *mais on convient, en général, que nos pères étaient las d'entendre médire du passé, et que leurs fils se sont livrés et s'adonnent*

---

(1) *Lettre VIe sur l'Histoire de France, publiée vers la fin de 1820 dans le* Courrier français.

encore aux études historiques avec une ardeur plus sérieuse à la fois et plus durable que ne l'est ordinairement un simple goût littéraire.

Il était temps, en effet, d'en finir avec cette « vaste conjuration de trois siècles contre la vérité », dont parle J. de Maistre.

Car tandis que les uns, par une bonne foi excessive, par ignorance ou par défaut de méthode, avaient innocemment embrouillé nos origines et travesti le moyen âge ; les autres, avec une rare perversité, s'étaient fait comme une loi de semer à pleines mains le mensonge et la calomnie.

C'est un caractère propre au dix-huitième siècle, dans les lettres pures comme dans la critique, dans la philosophie comme dans les sciences, d'afficher une grande liberté d'allures et une complète indépendance de jugements : on y tranche de haut et l'on a volontiers le ton décisif.

Mais nulle part peut-être ce caractère ne se révèle aussi manifestement qu'en histoire. Là, tout est préconçu, tout relève d'une idée fixe, tout est subordonné à la justification d'un principe, et les faits, quels qu'ils soient, sont condamnés d'avance à tourner au succès d'une théorie.

Dès lors, on le comprend, l'histoire n'est plus l'histoire : elle devient un roman, ou, ce qui est pis, un manifeste.

Voilà pourquoi notre siècle, soit lassitude d'entendre médire du passé, soit attrait instinctif pour l'étude des vieux âges et je dirais presque curiosité nationale *(1)*, a voulu voir enfin et se déterminer par lui-même, réviser pièces en main les jugements historiques et ne plus accepter, sans bénéfice d'inventaire, les récits fantaisistes des chroniqueurs et les mensongères affirmations débitées par les écrivains de l'époque précédente.

C'était simplement une révolution, mais une révolution aisée à prévoir pour qui n'ignore pas qu'une réaction est au bout de tout excès ; et, du reste, une révolution pacifique, entièrement au profit de la vérité.

Le triomphe lui fut assuré dès la première heure.

On apporta en effet à l'instruction de la cause plus que des intentions excellentes, plus qu'un zèle infatigable ; on sut travailler avec intelligence et avec méthode. On comprit que l'histoire ne se compose pas avec des efforts d'imagination, mais avec des preuves, et l'on revint, sans hésiter, aux textes primitifs. Les parchemins poudreux, les manuscrits à demi effacés devinrent l'objet d'un culte enthousiaste et sincère ; l'on n'eut plus d'estime que pour ces témoins vénérables et les travaux de seconde main furent, en principe, impitoyablement frappés de proscription.

Malheureusement beaucoup de textes avaient disparu ; le temps, qui détruit tout, avait là aussi porté ses ravages : du moins, pouvait-on encore, avec les

---

(1) On se rappelle l'épithète dont Tacite se servait pour flétrir l'oublieuse nonchalance de ses contemporains : Incuriosa suorum ætas ! disait-il (Vie d'Agricola, I). C'est un travers auquel notre temps aura échappé ; il en a, hélas ! tant d'autres !...

débris qui restaient, tenter de rendre à la vérité sa place et son prestige ; et l'on essaya.

Quel fut l'essor imprimé par ces recherches aux études historiques, chacun le sait (1). Aussi bien, les résultats sont là pour en témoigner, et le doute n'est pas possible à qui veut bien parcourir la liste des revues sérieuses (2), des livres savants, des consciencieuses monographies et autres travaux d'histoire publiés à notre époque, lesquels sont, d'ordinaire, attendus par le public avec une impatience qu'égale seule ensuite l'ardeur avec laquelle il les lit.

Il ne faudrait pas s'imaginer cependant que les champions de la vérité aient, pour cela, fermé complétement la bouche à l'erreur. Il en est un peu de celle-ci comme du scandale, et l'on se rappelle, en ce point, la parole du Maître (3). Mais s'il est nécessaire qu'il y ait des erreurs (4), on peut souhaiter qu'il y en ait le moins possible, l'on doit s'efforcer d'en restreindre le domaine, d'en neutraliser les consé-

---

(1) *Le premier numéro de la* Revue historique *(Janvier 1876. — Paris, chez Germer-Baillière) contient un substantiel article sur le* progrès *des* études historiques en France.

(2) *La première de toutes est incontestablement la* Revue des questions historiques. *Aucune n'a porté une lumière plus sûre dans l'histoire, et résolu déjà plus de problèmes. C'est d'elle qu'un illustre personnage anglais disait récemment : « Elle est la seule Revue française qui se puisse comparer aux magnifiques Revues publiées Outre-Manche ».*

(3) *Luc,* XXII, 1.

(4) *Jusqu'à M. E. Renan qui, sous prétexte de nous faire confidence de ses impressions au pied de l'Acropole, s'avise d'appeler Charlemagne « un gros palefrenier ». Il est vrai qu'il trouve aussi, deux pages plus loin, pour saint Paul, un qualificatif de même goût : « Ce laid petit Juif »,* dit-il, Abyssus abyssum... (Revue des Deux-Mondes, 1er décembre 1876.)

quences, et c'est à quoi, ce nous semble, on n'a pas trop mal réussi.

Dans l'histoire religieuse (1), nous n'avons pas à constater un moindre élan que dans l'histoire profane.

Il ne pouvait être question assurément de surpasser, ni même d'atteindre ces maîtres illustres qui s'appellent Baronius, Bollandus, et dont les travaux gigantesques, presque toujours sûrs (2), sont bons à consulter dans tous les temps.

Mais il y avait, surtout pour l'hagiographie, un progrès immense à réaliser au point de vue de l'art. La plupart des auteurs qui s'étaient occupés d'histoire religieuse particulière semblaient ne pas avoir eu plus de souci de la forme que de la critique : ils avaient entassé les faits pêle-mêle, sans les contrôler, sans les grouper ni les faire s'éclairer les uns les autres (3), sans songer à les revêtir des charmes d'une diction qui séduit et retient.

Tout est dans leurs livres et vous croiriez presque

---

(1) *Nommons bien vite les Bénédictins de Saint-Maur, les auteurs de la* Nova Gallia christiana.

(2) *Un savant Bénédictin, D. Pitra, publiant en 1850 un volume sous le titre :* Etudes sur la collection des Actes des Saints, par les RR. PP. Bollandistes, *signalait dans la seconde moitié de la collection « une polémique aggressive, une critique un peu étroite et le défaut d'unité ».*

(3) *On n'a pas oublié le passage si connu de Fénelon (Lettre à l'Académie, § VIII) : « La principale perfection d'une histoire consiste dans l'ordre et dans l'arrangement. Pour parvenir à ce bel ordre, l'historien doit embrasser et posséder toute son histoire ; il doit la voir tout entière comme d'une seule vue. Il faut en montrer l'unité, et tirer, pour ainsi dire, d'une seule source tous les principaux événements qui en dépendent ».*

que rien ne s'y trouve, parce qu'il y manque deux choses d'une importance capitale : l'art de bien dire et l'art de dire à propos.

Aussi, le premier soin des écrivains de notre temps fut-il de mettre de l'ordre dans ce chaos, et, cette tâche accomplie, de donner à l'œuvre une forme attrayante.

Quelques-uns essayèrent et réussirent ; d'autres vinrent ensuite qui furent aussi heureux, et ainsi, grâce à la contagion de l'exemple, on vit peu à peu dans les provinces, les cités, les monastères et les églises, des hommes s'enflammer d'un beau zèle et, pleins d'une sainte émulation, chercher à faire revivre les traditions locales et les histoires particulières.

Si la gloire des souvenirs et la richesse des antiquités suffisaient, dans cette lutte pacifique, à marquer la première place, aucun diocèse en France ne pourrait peut-être disputer la palme à celui de Lyon. Jamais, au second siècle du christianisme, pareille abondance de martyrs, et, depuis, jamais plus merveilleuse fécondité de la précieuse semence, jamais plus puissante germination de sainteté et de vertu.

Mais les ouvriers ont manqué jusqu'ici pour exploiter cette mine incomparable, et, si jaloux que nous nous montrions de ne le céder à personne dans toutes les nobles entreprises, nous devons avouer cette fois qu'on nous a fort dépassés.

Et pourtant il est sûr que les noms d'Eucher, de Sacerdos, de Leidrade et de mille autres, ne résonnent jamais à nos oreilles, sans éveiller dans nos âmes un sympathique écho. Pourquoi donc, alors, aucun d'entre nous ne se lève-t-il et n'entreprend-il de célébrer, en accents émus, leurs travaux et leur gloire ?... Qu'attend-on pour nous entretenir, par exemple, soit de saint Hippolyte, dont M. de La Saussaye (1) vient d'analyser avec tant d'art quelques-uns des ouvrages ; soit du séjour, si intéressant à plusieurs points de vue, de saint Thomas Becket à Lyon (1165-1170) ; soit des actes, très-incomplétement publiés, d'Innocent IV pendant qu'il présidait en notre cité le treizième concile œcuménique ; soit de vingt autres sujets également dignes de solliciter notre attention ?...

Nous possédons, il est vrai, une histoire de saint Pothin ; il a été publié, dernièrement, sur saint Irénée, de savantes recherches, et l'un de nos maîtres a donné jadis une remarquable étude sur saint Agobard et son temps ; mais c'est peu, infiniment peu, si l'on pense à ce que nous pourrions, — je vais plus loin — à ce que nous devrions avoir.

Sous cette impression, je me suis essayé moi-même à faire revivre la figure d'un de nos plus grands évêques. Membre du clergé de Lyon, auquel je suis heureux et fier d'appartenir, et dévoué de cœur aux traditions de ma ville natale, j'ai trouvé, à écrire la vie de saint Ennemond, un double intérêt : le glo-

---

(1) *Dans un livre qui a paru, en novembre, sur les* Six premiers siècles littéraires de la ville de Lyon.

rieux Martyr se montra en effet, dans notre diocèse, le restaurateur zélé de la vie religieuse, et tout porte à croire qu'il fut le premier apôtre de Saint-Chamond.

Sa vie appartient du reste à un siècle de foi et de recueillement que Mabillon saluait du nom « d'âge d'or (1) », siècle peu connu et, pour cela même, intéressant à étudier; mais sur lequel — je le constate avec regret — nous possédons assez peu de documents primitifs (2).

Si encore le saint évêque avait laissé quelques écrits, c'eût été un dédommagement pour les lacunes des textes et une ressource précieuse pour la composition de son histoire; car les œuvres, d'ordinaire, outre qu'elles réflètent la physionomie de l'écrivain et celle de son époque, fournissent abondamment à la critique. Mais nous n'avons, hélas! absolument rien de saint Ennemond, et la Patrologie de Migne, si riche en documents de toute sorte, ne cite de lui qu'une pièce banale, sans consacrer même à la reproduire et à la discuter la valeur de deux pages.

C'est dire que j'ai dû me borner à retracer l'existence du saint Pontife et à raconter l'histoire de ses

---

(1) « *Jucundior apparet rerum facies..., aureum vere sæculum* ». Acta SS. ordin. Sancti Bened., sæc. secundi, præf., n° 1.

(2) *Les sources principales sont, d'une part, l'auteur anonyme qui écrivit, au IX* siècle, la vie de saint Ennemond; de l'autre, le vénérable Bède et les historiens anglais qui ont parlé de saint Wilfrid. Les archives du Rhône nous ont fourni aussi, comme on le verra plus loin, quelques pièces du moyen âge qui ne manquent pas de valeur.*

bienfaits. Sa vie, son culte, telle est donc la division naturelle de mon travail.

Puisse du moins cette imparfaite esquisse contribuer à faire mieux connaître saint Ennemond et surtout à le faire aimer : c'est mon vœu le plus cher !

PREMIÈRE PARTIE

VIE

DE

SAINT ENNEMOND

CHAPITRE PREMIER

Au moment où commence notre histoire, le fils de Frédégonde, Clotaire II, est seul en possession du trône, et les trois couronnes de Neustrie, d'Austrasie et de Bourgogne, sont réunies sur la même tête.

La France pouvait donc enfin jouir de quelque repos et entrevoir des jours meilleurs.

Aussi bien, tout le monde aspirait à la paix; et, n'eussent été les antipathies séculaires qui régnaient entre les deux États du Nord, on eût pu la croire durable ; mais il fallait compter avec les convoitises particulières, les menées des leudes, l'ambition naissante et jalouse des maires du palais, en sorte que les plus belles espérances pouvaient, au premier instant, s'évanouir.

En Bourgogne, les choses allaient mieux. Passée, depuis un siècle à peine (534), sous la domination des Francs victorieux, la brillante monarchie des Burgondes était pourtant bien plus facile à gouverner que les deux autres provinces : les esprits y étaient moins remuants, et les âmes moins portées aux passions violentes; on n'y trouvait pas ces répulsions profondes qui menaçaient d'établir entre les deux races septentrionales une barrière infranchissable; enfin — et cela aidait beaucoup à la bonne administration — la législation y était marquée au coin d'une extrême sagesse.

Car, en passant du pouvoir de ses princes sous le sceptre de Childebert, la Bourgogne avait conservé ses lois. Or, l'on sait quel esprit éclairé et conciliant avait présidé jadis à leur élaboration.

Quand le roi Gombaud voulut publier le code célèbre connu sous le nom de *Loys Gombettes* (1), il s'entoura des lumières des hommes les plus versés dans la science du droit et ne négligea rien pour donner à son œuvre la consécration de l'expérience : la morale y est sévèrement gardée; les précautions les plus grandes sont prises pour assurer, dans les causes litigieuses, le triomphe de la justice; le Bourguignon et le Romain sont traités sur un pied d'égalité parfaite; les attributions des administrateurs sont nettement définies; partout enfin perce un désir sincère de maintenir parmi les citoyens la tranquillité et la paix.

Aussi voyons-nous trente-deux des comtes qui étaient, dans les villes, chargés de rendre la justice (2), souscrire avec enthousiasme aux ordonnances du roi Gombaud, en jurer l'exécution et promettre de les observer eux et leurs descendants (3).

---

(1) Publiées en deux fois, par Gombaud (ou Gondebaud), le 29 mars 501, puis par son fils Sigismond en 519, ces lois fameuses forment un code contenant cent quarante-deux articles de droit civil, trente de procédure et cent quatre-vingt-deux de droit pénal.

(2) Une loi très-sage pour prévenir la corruption leur défendait absolument de recevoir aucun présent des parties plaidantes.

(3) *Cf.* MÉNESTRIER, *Hist. civ. ou cons. de la ville de Lyon*, in-fol., M.DC.XCVI, p. 195, 206. — *Revue du Lyonnais,* nouv. série, t. XIX, p. 46, 153.

Au nombre des signataires figure un comte de Lyon appelé Daufin ou d'Offin (1).

Mais voici qu'à un siècle d'intervalle, un magistrat du même nom, Sigonius Dalfinus, père de notre Saint, est préfet de la même ville et transmet à Dauphin, son fils aîné, sa charge et sa puissance.

Faut-il ne voir là qu'une pure coïncidence de noms, ou bien devons-nous reconnaître dans le signataire des *Loys Gombettes* un ancêtre de saint Ennemond (2)?

Quelques raisons militent en faveur de la dernière hypothèse.

Sous les Burgondes, comme sous les rois francs, la ville de Lyon fit partie de la Bourgogne, et, quand elle changea de maître, elle garda, comme le reste de la province, les lois locales et les usages reçus. Dès lors, rien n'empêche de supposer que la noble famille qui administrait Lyon sous la monarchie des Burgondes, fut maintenue par nos rois dans la dignité *comitive* (3) dont elle était revêtue au commencement du viᵉ siècle. On pourrait objecter peut-être que, vers la fin du siècle, le saint roi Gontran rendit *amovible à son bon plaisir* (4) la dignité des comtes; mais il est avéré que Lyon faisait exception à la règle et que, dès cette époque, ses gouverneurs cherchaient à fixer le pouvoir dans leur famille

---

(1) Sa signature est la trente et unième.

(2) Il y a encore, parmi les trente-deux signataires des Loys Gombettes, trois comtes *Aunemundus* : leur nom occupe respectivement la deuxième, la huitième et la douzième places, dans la liste des signatures.

(3) C'est le nom que porte cette dignité dans le code théodosien. Le prince, en associant les gouverneurs à ses travaux, les regardait en quelque sorte comme ses compagnons (*comites*), et leur en donnait le titre.

(4) LA MURE, *Hist. des Ducs de Bourbon et des Comtes de Forez*, t. I, p. 14.

et préludaient à l'érection, consommée deux siècles plus tard, de leur gouvernement en comté *perpétuel et héréditaire* relevant en fief immédiat de la couronne.

D'autre part, s'il est difficile, vu la fréquente répétition des mêmes noms propres, de dire au juste quelle postérité laissèrent les comtes qui souscrivirent aux *Loys Gombettes*, il n'est pas douteux que plusieurs firent souche dans le pays.

Or, cent ans à peine écoulés, nous trouvons, dans la même ville, deux personnages du même nom investis des mêmes pouvoirs : n'est-il pas vraisemblable de penser, en tenant compte des explications qui précèdent, qu'ils appartiennent à la même famille et que l'un descend de l'autre ?...

Quoi qu'il en soit, le père de saint Ennemond, Sigonius, remplissait à Lyon, sous le règne de Clotaire II, les fonctions de préfet de la ville.

A cette date, les attributions du gouverneur étaient encore très-complexes. Le titre de préfet, renouvelé de l'administration romaine et donné alors (1) indifférem-

---

(1) Dans le principe, à chacun de ces qualificatifs correspondaient une idée et des attributions distinctes. Sous la domination romaine, le gouverneur d'une province impériale portait le nom de *præses*, *proprætor* ou *rector :* il ne reconnaissait d'autorité supérieure à la sienne que celle de l'empereur, *princeps*, et avait tout pouvoir militaire, civil et judiciaire : je dois faire remarquer cependant que, même alors, le gouverneur de notre Gaule lyonnaise est le plus ordinairement désigné par le titre de *legatus*, *legatus Augusti* ou *Cæsaris*. Plus tard, sous Constantin, quand l'empire fut divisé en six préfectures, la dignité la plus élevée fut celle de *préfet du prétoire :* après ce magistrat venaient, suivant leur importance hiérarchique, les administrateurs particuliers des provinces, qu'on nommait *præsides*, *legati* où *vicarii*. Ainsi, en 312, nous trouvons un *Antonius Marcellinus* avec le titre de *præses provinciæ Lugdunensis ;* au Vᵉ siècle, un autre de nos *præsides* s'appelle *Paulus :* mais comme la première Lyonnaise était une province consulaire, ses gouverneurs sont, en outre, toujours nommés *viri consulares* dans la *Notice*

ment avec celui de comte ou de légat, réunissait dans la même main les pouvoirs de chef de la milice, de la justice et de la police : c'était une royauté en raccourci.

Ennemond appartient donc à une très-noble famille, à une famille en faveur, ou — comme on aurait dit plus tard — fort bien en cour.

Son père n'est jamais désigné que sous le nom « d'*illustre* préfet Sigonius », et l'on voit assez, malgré la rareté et le laconisme des textes, l'estime et la vénération dont il était l'objet. Malheureusement, le relief d'une haute position ne suffit pas toujours à sauver de l'oubli ; et c'est ce qui advint, au moins en partie, pour la famille du gouverneur.

N'était en effet la présence de Sigonius et de ses fils à quelques assemblées solennelles réunies par nos rois pour traiter des affaires publiques, assemblées dont les historiens ont gardé le souvenir, nous serions parfois embarrassés pour nous reconnaître dans un dédale où tout semblerait, à bon droit, obscur ou incertain.

Ainsi, le doute commence pour la date même de la naissance d'Ennemond. Il ne faut la demander ni aux écrivains du vii° et du viii° siècle, à Frédégaire (1) et à ses continuateurs, puisqu'il ne rentrait en aucune façon dans leur cadre de la consigner et de nous la trans-

---

des dignités de l'empire d'Occident. Les invasions des Barbares, en bouleversant l'ancien ordre de choses, diminuèrent de l'importance qu'on attachait d'abord à distinguer ces titres honorifiques. — *Cf.* A. DE BOISSIEU, *Inscript. antiq.*, p. 229 et sq.

(1) On ignore le véritable nom du continuateur de Grégoire de Tours : Marquard, Fréher et Joseph Scaliger l'ont baptisé Frédégaire, et ce nom lui est resté. Sa chronique s'arrête à l'an 641. Le récit de son premier continuateur s'étend de 652 à 680 et offre cela de particulier qu'il est d'un bout à l'autre confus et absurde. — *Cf.* GUIZOT, *Mém. relat. à l'hist. de France,* t. II.

mettre ; ni à l'auteur anonyme qui écrit, au ix° siècle, la vie du Saint et qui paraît ne pas se préoccuper non plus des questions chronologiques. Il faut descendre jusqu'aux Bollandistes (1), pour trouver enfin quelque idée de la chose. Encore, tout curieux qu'ils soient des détails intimes, ont-ils dû renoncer à donner cette date d'une manière précise.

Mais on peut, avec eux, chercher à la fixer par conjecture, en se basant, pour la calculer, sur une autre date beaucoup moins difficile à connaître, celle de son épiscopat.

Il est sûr qu'Ennemond était évêque en 652, au plus tard : à cette époque, son nom « Annemundus episcopus » est apposé au bas de l'acte ou privilége d'immunité accordé par Landéric, évêque de Paris, à l'abbaye de Saint-Denis. D'autre part, il est possible que notre Saint ait été revêtu même plus tôt du caractère episcopal. Car, d'après les savantes recherches de M. Guigues (2), c'est en 650 que Viventiol se retira de l'épiscopat et qu'il établit Ennemond pour lui succéder (3).

---

(1) C'est le P. Joannès Pennius qui a rédigé la vie de saint Ennemond.

(2) A la fin de son beau livre *Topographie historique du département de l'Ain*. Qu'il me soit permis ici de témoigner ma reconnaissance à l'éminent archiviste du département du Rhône. Bien d'autres personnes m'ont fait encore profiter de leurs recherches et m'ont aidé de leurs conseils : je ne puis les citer toutes. Cependant je me reprocherais de ne pas nommer M. L. Delisle, membre de l'Institut; M. A. Steyert; M. Testenoire-Lafayette; M. G. Millot, archiviste-paléographe à Châlon-sur-Saône; M. l'abbé Peyrieux, vicaire de Saint-Pierre à Saint-Chamond et conservateur des Archives; et Mesdames les Abbesses des Religieuses bénédictines de Pradines et de la Rochette.

(3) Le testament de saint Ennemond, dont nous pouvons nous servir déjà, bien que nous n'en ayons point encore établi l'authenticité, contestée par quelques critiques, porte : « Notum facio quod rogatu mei prædecessoris beatæ memoriæ ejusque ecclesiæ archiepiscopi, qui me præfatæ ecclesiæ, *se vivente*, *archiepiscopum ordinavit* ».

En toute hypothèse, le sacre de ce dernier n'est pas postérieur à 652 et ne doit pas être antérieur à 650. Dès lors, il suffit de nous reporter quelques trente années en arrière pour avoir, à peu près, la date de sa naissance. Aucune raison, en effet, aucune cause extraordinaire ne paraît avoir motivé prématurément son élévation à l'épiscopat et fait devancer pour lui l'âge de trente ans fixé, dès cette époque, par les lois de l'Eglise : de l'avis de tout le monde, Ennemond succéda *pacifiquement* à saint Viventiol qui, lui-même, depuis 645, administrait avec tranquillité et sagesse l'Église de Lyon.

Mais si le silence des historiens nous laisse toute latitude pour choisir, entre 620 et 625, une date de naissance, il est un détail sur lequel ils sont unanimes, c'est la qualité de Sigonius et de ses fils. On a disputé beaucoup sur l'épithète de « Seigneur romain, *natione romanus* », qu'ils leur donnent, et l'on a voulu y voir une allusion à leur origine. C'est à tort.

L'abbé Châtelain (1) a fait très-judicieusement ressortir le sens véritable de ces mots. « Sigonius, dit-il, est appelé *Seigneur romain*, parce qu'il était issu non point des peuples qui étaient venus s'établir dans les Gaules, mais de ceux qui y demeuraient de tout temps et qui avaient obéi aux Romains ». Ce qui revient à dire que Sigonius n'était ni un Goth, ni un Franc, ni même un Burgonde, mais un Gaulois indigène qui avait conservé quelque chose des mœurs et des habitudes romaines.

Il donna à son second fils, qui portait déjà, comme l'aîné, le nom de *Dalphinus*, le surnom d'Ennemond ; ou

---

(1) *Vie de saint Chaumond, évêque de Lyon*, Paris, 1692. — Ce petit volume, très-rare aujourd'hui, se trouve sous la cote L n°7 4125, au département des Imprimés de la Bibliothèque nationale, à Paris, où nous l'avons consulté.

plutôt, ces deux noms se complétèrent l'un l'autre, celui-ci étant en réalité le nom distinctif de l'enfant, *nomen*, et celui-là son nom de famille, *cognomen*. Tous les autres qualificatifs mentionnés par les historiens ne sont que des variantes plus ou moins voisines de ces deux noms.

Ainsi nous trouvons *Dalphinus, Dalfinus;* et, en français, *Dauphin, Daufin, Dalfin, Dalvin.*

Puis, à côté d'*Annemundus*, nous voyons *Aunemundus, Aonemundus, Unemundus* et *Munemundus;* et, en français, *Ennemond, Chaumont, Chamont, Chamond.*

Ceci nous amène à une question de dérivation des plus intéressantes : *Chamond* vient-il d'*Annemundus* ?

Nous penchons pour l'affirmative, et voici pourquoi :

Il n'est pas difficile de citer, dans la langue latine, des noms propres commençant par *A*, et s'écrivant avec ou sans *H*, *Adrianus*, par exemple, ou *Hadrianus; Orus*, ou *Horus* (myth. égypt.). — Annemundus a donc pu s'écrire aussi bien Hannemundus qu'Annemundus (1). Une fois l'*H*, c'est-à-dire l'aspiration, ajoutée à ce mot, l'addition du *C* est toute naturelle, le *CH* étant par excellence le signe de l'aspiration : nous obtenons donc équivalemment *Hannemundus* ou *Channemundus.*

Ce point admis, de *Channemundus* ou *Chanemundus* à *Chamond* il n'y a qu'un pas. Si l'on a fait *Clovis* de *Clodovæus*, il est clair qu'il a suffi de retrancher la consonne *N*, Chaemundus, et de contracter en *A* les deux voyelles *AE* pour arriver à *CHAmundus*, en français *Chamond* (2). Je relève effectivement *Chamundus* dans

<hr>

(1) Nous trouvons *Lotharius* et *Chlotharius, Lodovcus* et *Chlodovæus.*

(2) *Hadrianus Valesius*, dans son *Notitiæ Galliarum*, p. 615, s'exprime en ces termes : « Quidam *Chanemundum* dixere pro Anemundo... Ex *Chanemundo* unâ syllabâ truncato, nostri *Chamond* fecere ». — Le journal *la*

deux ou trois textes du moyen âge (1); et, dans un manuscrit plus récent, je lis, en note à la première page : « Ex libris Petri Berlier, *Sanchamundensis.* 1676 (2) ».

Une explication analogue montrerait que très-probablement *Chaumond* dérive d'*Aunemundus*, également cité.

Au reste, si le nom de *Dalphinus* est à peu près le seul que donnent à notre évêque les auteurs étrangers, Bède, Eddius, etc., on trouve, en France, les trois autres noms employés indifféremment : Chaumont, à Paris ; Ennemond, et Chamond ou Chamont, partout ailleurs (3).

Le nombre et la variété des qualificatifs s'accordent trop avec les usages du temps où vivait saint Ennemond, pour nous étonner ; tous les nobles romains avaient deux, trois et quelquefois plus de noms : Avitus, évêque de Vienne , s'appelait Alcimus Eodicius Avitus ; Sidoine Apollinaire se nommait Sollius Apollinaris Sidonius.

Pour notre Saint, il porta incontestablement les deux noms de Dalphinus et d'Annemundus : Dauphin était son nom de famille, le plus illustre et le plus honorable ; Ennemond, son nom à lui, celui dont on l'appelait et qu'il se laissait donner le plus volontiers pour éviter toute confusion avec son frère.

Car les deux enfants passèrent ensemble, au foyer

Science illustrée (2 oct. 1876), dans son article « Voyage au Pays noir », p. 406, propose et adopte les mêmes conclusions.

(1) Dans le répertoire des fondations de Sainte-Barbe, au XIVᵉ siècle, on trouve dans les *Terriers* (état des terres appartenant à la fabrique) : *Sancti Anemundi* seu *Chamundi.*

(2) On lit dans les lettres de vicaire données, en 1779, par Mgr de Montazet à M. Dervieux, pour Notre-Dame de Saint-Chamond : « Oppidum *Sanchamundi* ».

(3) Les Bollandistes croient que saint Ennemond fut jadis honoré, sous le nom d'*Yrmond*, dans les environs d'Autun.

paternel , leurs premières années. Une mère vigilante, Pétronie, présida elle-même à leur éducation et à celle de leurs deux sœurs, Pétronille et Lucie ; et telle fut l'influence de ses pieuses leçons, que, sur quatre enfants, trois plus tard se donnèrent à l'Eglise et en devinrent la gloire par leurs vertus.

Quand ils eurent atteint l'âge de douze à treize ans — ce qu'on appelait alors l'*âge robuste* — Dauphin et son frère ne purent, sans rompre avec les usages de l'époque et négliger les devoirs de leur noble condition, prolonger davantage, à Lyon, la douce vie de famille. Une place de choix les attendait à la cour du prince, ou plutôt, leur éducation eût été incomplète sans un séjour de quelques années au palais, séjour, du reste, fort ambitionné des jeunes seigneurs qui avaient quelque envie de se perfectionner dans l'étude des sciences divines et humaines.

Tacite a raconté comment et combien était enracinée, dans la féodalité primitive, l'habitude de la *recommandation*, laquelle, pour de légers avantages matériels, inféodait au chef les enfants de certaines familles de la tribu : « Insignis nobilitas », dit-il, « aut magna patrum merita principis dignationem etiam adolescentulis assignant ; cæteris robustioribus ac jam pridem probatis aggregantur : nec rubor inter comites adspici (1) ». Mais il s'est borné à constater le fait, sans en montrer les conséquences déplorables, le déplacement de la filiation et la ruine de la paternité : l'enfant, en effet, devenu la *chose* du chef, cessait à la fois d'appartenir à sa famille et de s'appartenir à lui-même.

Au VIIe siècle, dans le palais des Mérovingiens, c'est

---

(1) TAC., *Germ.* XIII.

aussi la *recommandation* que nous trouvons, mais épurée ; car, lorsqu'elle avait pénétré sous la tente des barbares, l'Eglise avait compris d'abord qu'il y avait là matière à réforme.

Il eût paru même assez naturel d'en finir avec une coutume aussi préjudiciable à l'esprit de famille ; mais elle ne le fit pas. Sage et patiente comme elle l'est, chaque fois qu'il s'agit d'organiser, l'Eglise estima qu'il y aurait plus de profit à transformer l'institution qu'à la détruire : elle laissa donc aux chefs cette cour d'enfants dont ils aimaient à s'entourer ; mais, pour ces enfants, isolés et orphelins jusqu'alors, elle créa une famille ; « elle leur donna des pères et des frères ; et, sous l'œil de Dieu et le manteau des Saints, elle les assembla dans un asile consacré qu'elle appela du nom pieux et populaire de chapelle (1) ».

Les deux fils de Sigonius Dalphinus furent donc envoyés à la chapelle palatine d'Austrasie (2), tant pour se perfectionner en science dans cette haute école, que pour s'y ménager un avancement, dont le prince se montrait d'ailleurs peu avare à l'égard de ceux qui avaient un esprit cultivé.

L'événement ne démentit point les espérances du gouverneur de Lyon : après plusieurs années passées au milieu des clercs palatins, sous le moine Athanasius et des maîtres également habiles à former le cœur et à développer l'intelligence des jeunes nobles qui leur étaient confiés, Dauphin et Ennemond sortirent de l'école

---

(1) D. Pitra, *Vie de saint Léger*.
(2) Dagobert Ier régnait alors seul sur l'Austrasie, la Neustrie et la Bourgogne.

du palais, l'un pour remplacer son père dans la charge de préfet, l'autre pour succéder au saint évêque de sa ville natale.

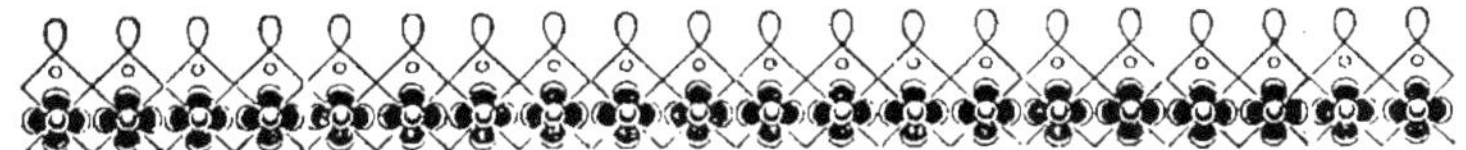

CHAPITRE SECOND

EPISCOPAT DE SAINT ENNEMOND

On a dit que la France du moyen âge est l'œuvre des moines. On pourrait ajouter, avec non moins de raison, que la France du vi° et du vii° siècles est l'œuvre des évêques. Jamais, en effet, plus qu'à cette époque, l'évêque n'est mêlé à tous les événements et ne remplit plus à la lettre envers la société son rôle de gardien, ἐπίσκοπος.

Sentinelle vigilante, nous le trouvons partout : pendant l'invasion, il est là, soit qu'il s'agisse d'arrêter le flot des barbares, soit qu'il faille réparer les désastres dont le fléau terrible a marqué son passage ; aux jours d'hérésie et de schisme, il est là encore pour dénoncer l'erreur à son troupeau : toujours actif, toujours sur la brèche, il suffit à tout. Vous le voyez, dans sa demeure qui s'appelle d'un nom bien significatif, réunir près de lui les prêtres, les étrangers, les enfants et les pauvres : le *Domus ecclesiæ* est l'asile commun. Et vous le rencontrez encore, en temps utile, dans quelqu'un de ces conciles innombrables où l'on traite des intérêts éternels des peuples ; ou au palais du prince, lorsqu'il s'y agite quelque haute question d'ordre temporel. Partout où se présente un péril à conjurer, un acte d'héroïsme à accom_ plir, une œuvre de bien à faire, on est sûr que l'évêque est là.

Aussi, pour occuper une chaire épiscopale, en ces temps difficiles, convenait-il d'unir à une maturité précoce une grande prévoyance, un infatigable esprit d'ordre et de discipline, et surtout quelque chose de paternel, mais une paternité faite à la fois de bonté et de grandeur, en sorte qu'elle puisse du même coup attirer les jeunes races et leur imposer le respect.

C'est en quoi avait excellé Viventiol, évêque de Lyon vers 645. Et l'on comprend que lorsque ce vaillant athlète sentit ses forces tomber avec l'âge, sa grande préoccupation ait été de trouver pour son troupeau un autre lui-même. Il ne pouvait, en effet, se résoudre à quitter le champ de bataille avant d'avoir remis ses armes en des mains capables de les bien tenir.

Mais la Providence, qui fait admirablement toutes choses, avait pourvu à la difficulté.

L'éclat des vertus d'Ennemond, pour avoir été long-temps renfermé dans la chapelle palatine, n'avait pas moins fini par percer. On citait, à Lyon, des traits touchants de sa charité, de sa modestie, de sa douceur, et l'on savait que le roi Clovis II, plein d'admiration pour tant de mérites, venait de placer le jeune homme au rang de ses conseillers.

N'était-ce point là, en vérité l'élu que le Seigneur réservait à son peuple ? Et, alors que le même Clovis envoyait Dauphin administrer en son nom Lyon et les alentours, son frère Ennemond ne semblait-il pas désigné à Viventiol pour être préposé, dans la même région, au gouvernement des âmes ? Un nouvel âge d'or ne paraissait-il pas enfin devoir commencer pour la province, sous la direction, pleine d'habileté et d'accord, des fils de Sigonius ?

Il est sûr, du moins, que telle fut l'impression générale ; car jamais choix ne fut plus entièrement approuvé : le nombre et la richesse des présents qu'on fit à Ennemond pour son sacre témoignent hautement de l'enthousiasme des populations.

Devenu évêque de Lyon et primat des Gaules (1), il s'acquitta avec la plus scrupuleuse exactitude de toutes les obligations d'un bon et saint pasteur. Les méchants interrompront avant le temps sa carrière épiscopale, mais celle-ci n'en aura pas moins été parfaitement remplie.

Ce n'est pas qu'il faille y attendre ou y chercher des actions d'éclat : tout, au contraire, y est uniforme et sans apparat ni retentissement. La vie d'Ennemond se résume dans l'accomplissement journalier, mais constant et sévère, des mêmes devoirs. S'il paraît à la cour, c'est pour y remplir quelque office de charité ou y donner quelque saint exemple ; mais il y séjourne peu, car sa place de prédilection est à Lyon, près de son peuple, qu'il instruit, et dont il aime à soulager les misères.

Aussi bien, les circonstances lui permettaient de s'occuper exclusivement des nécessités spirituelles de son troupeau. Outre qu'on était déjà loin des jours calamiteux où des nuées de Barbares fondaient sur les provinces et compliquaient le ministère épiscopal de préoccupations matérielles souvent excessives, Ennemond pouvait s'en remettre aveuglément à Dauphin son frère de tout soin de ce genre et lui abandonner l'exercice de

______

(1) Voir, dans l'*Appendice*, nº 1, la question de *Primatie.*

l'autorité temporelle dont jouissaient alors les évêques de Lyon.

On sait, en effet, que le siége de cette grande cité gardait par-devers lui quelques priviléges de la puissance séculière : cette puissance, qui nous apparaît comme un dernier vestige de l'organisation romaine, revêtira, avant un siècle, des formes purement féodales ; mais les évêques la défendront pied à pied contre la jalousie des comtes administrateurs de Lyon, et ils l''élèveront assez haut pour réduire ceux-ci, quelque jour (1), à l'état de vassaux des comtes ecclésiastiques.

En attendant, aucun conflit de cette nature ne pouvait séparer les deux frères : entre le pouvoir exclusivement séculier du Gouverneur et le pouvoir mitigé de l'Evêque, tout devait être harmonie et accord ; amis de la paix et passionnés pour la justice, Ennemond et Dauphin aspiraient à faire, avec la plus parfaite entente, le bonheur du même peuple.

L'un et l'autre y réussirent, à la vive satisfaction du roi Clovis II.

Aussi, le jour où sainte Bathilde lui donna un fils, ne voulut-il pour Clotaire, le nouveau-né, d'autre parrain qu'Ennemond. L'évêque de Paris fut mandé comme Pontife, et la cérémonie eut lieu en grande pompe, dans la capitale, au milieu d'un concours immense de leudes

---

(1) Ce fut en 1173, à la suite d'un traité entre Guy II, comte de Lyon et de Forez, et l'archevêque Guichard, que les archevêques de Lyon furent *totalement* investis de l'autorité temporelle : leur résidence politique et le siége de leur puissance était le château de Pierre-Size. La monnaie qu'ils faisaient, dès le IXe siècle, frapper à leur coin, devint alors (1173) la monnaie *officielle* dans le Lyonnais.

et de seigneurs : ce n'était pas trop de deux prélats pour attirer les bénédictions du ciel sur l'héritier présomptif des nobles couronnes de Bourgogne et de Neustrie.

Les fêtes terminées, Ennemond revint dans sa bonne ville épiscopale.

Vers ce temps-là, B. Biscop, évêque de Cantorbéry, se rendait, avec quelque jeunes seigneurs anglais, au tombeau des saints Apôtres. Ennemond leur offrit dans son palais l'hospitalité la plus cordiale et les pria de se délasser à Lyon des fatigues du voyage, avant de reprendre la route de Rome.

Or, au nombre des compagnons de B. Biscop se trouvait un jeune homme qui attira bientôt l'attention de nôtre Saint.

Voici son portrait, d'après Bède : « Il était, dit-il, d'une physionomie des plus agréables, et il se recommandait par son activité, sa maturité d'esprit et ses sages discours : en sorte que l'évêque de Lyon lui dispensait toutes sortes de faveurs (1) ».

Ennemond alla jusqu'à lui offrir, avec la main de sa nièce, des domaines considérables, s'il voulait vivre près de lui en gentilhomme.

Wilfrid — c'est le nom du jeune seigneur — fut touché des bontés du prélat, mais il lui fit entendre que son but, en quittant l'Angleterre, était de voir Rome et le Pape (2), et qu'il ne pouvait se rendre, pour le moment, aux pro-

---

(4) VEN. BED., lib. V, cap. 20. — Son témoignage est confirmé par :

1° Eddius Stephanus, *in Vitd S. Wilfridi*, ex Codice Ms. Sarisburiensi vulgatâ per Thomam Gale anno 1691, cap. IV ;

2° Fridegodus, annaliste du Xe siècle ;

3° Guillaume de Malmesbourg, historien anglais du XIIe siècle.

(2) C'était Martin Ier qui occupait alors la chaire de saint Pierre.

positions flatteuses dont il était l'objet : il s'engageait seulement à repasser par Lyon, à son retour d'Italie.

Satisfait de cette promesse, le bon évêque consentit au départ de Wilfrid.

Mais, chemin faisant, des pensées nouvelles se firent jour dans l'esprit du jeune homme. Puis, la Ville éternelle et la puissante éloquence de ses souvenirs agirent sur son cœur. Insensiblement, le goût des choses du temps fit place en son âme au goût des choses qui ne passent point, et lorsque, après quelques mois d'absence, il revint à Lyon, il n'était plus question pour lui d'un brillant avenir : il voulait être apôtre.

Mieux que personne, Ennemond était homme à comprendre la transformation opérée dans le sympathique enfant. Aussi, loin de contrarier ses vues et de le pousser davantage à un établissement dans le siècle, donna-t-il la main à ses projets et voulut-il ouvrir lui-même à celui qu'il nommait son « cher fils » l'entrée du sanctuaire.

Wilfrid reçut donc d'Ennemond la tonsure cléricale ; et les instances pour demeurer, d'une part, la reconnaissance et l'affection, de l'autre, lièrent indissolublement deux âmes si bien faites pour s'entendre.

Peut-être l'évêque de Lyon voyait-il déjà dans Wilfrid le futur continuateur de son œuvre : il ignorait que le jeune homme était destiné seulement à être le témoin de son martyre.

Quoi qu'il en soit, Cantorbéry et Lyon préludaient alors à ces rapports de sainte amitié que devaient nouer plus tard, d'une façon plus étroite encore, saint Anselme et l'archevêque Hugues, et dont un de nos pontifes du commencement du XVe siècle, Philippe de Turrey, célèbre toute la douceur dans une lettre mémorable (1).

Est-il rien, en effet, de touchant comme cette intimité d'Ennemond et de Wilfrid, l'un y apportant sa bonté exquise, l'autre y mettant toute son ingénuité et sa candeur ?

Wilfrid ne quittait pas son évêque : il l'aidait, à l'intérieur, pour ses travaux d'administration ; il le suivait, au dehors, dans ses visites aux églises ; mais c'est surtout dans la restauration du monastère de Saint-Pierre qu'il lui prêtait le concours utile de son activité et de son jugement précoce.

Aussi bien, l'heure semblait propice pour remettre en honneur, à Lyon, la sainte vie commune. D'un côté, la ferme et sage administration de Dauphin promettait à la région une paix durable ; et, de l'autre, les richesses immenses dont Ennemond disposait lui permettaient de pourvoir aux dépenses considérables qu'entraîne toute restauration ou fondation religieuse.

Mais, en homme qui comprend la haute importance de pareilles œuvres, il ne s'y donna point à demi. Avant d'être entrepris, ce travail fut l'une de ses préoccupations les plus vives ; achevé, il devint l'objet de sa plus tendre sollicitude. Aussi, est-ce à la restauration du monastère de Saint-Pierre que sont le plus étroitement attachés le nom et la mémoire de notre Saint.

Faut-il faire remonter à la fin du deuxième siècle, ou seulement au cinquième, la fondation première de cette maison (2) ?...

----

(1) Cette lettre est rapportée par LA MURE (*Hist. eccl. du diocèse de Lyon*, in-4°, 1671, p. 406)) : on y voit, entre autres détails, que chaque église avait l'habitude d'envoyer dans l'autre un jeune homme que l'évêque élevait e sa maison.

(2) *Cf. Description du Musée lapidaire de la ville de Lyon*, par le docteur A. COMARMOND; in-4°, 1852, p. XIII.

A s'en tenir au texte du testament de saint Ennemond — dont nous aurons bientôt à parler — un personnage de distinction, nommé Albert, qui se convertit quelque temps après le martyre de saint Irénée (177), aurait, vers 193, construit sur l'emplacement actuel du palais Saint-Pierre, une petite recluserie ; il l'aurait dotée de quelques domaines et y aurait fait prendre le voile à ses deux filles Radegonde et Aldegonde, et à sa nièce Pernette, lesquelles auraient vraisemblablement présidé au gouvernement des religieuses.

Telle est la première opinion. Mais, outre que ces détails ne se trouvent confirmés par aucun document des archives de Saint-Pierre, j'hésite d'autant plus à y croire que les temps étaient en vérité peu favorables à l'érection d'un édifice religieux et que, nulle part, de 200 à 500, je ne vois cité le nom d'une abbesse. Je comprendrais plutôt une tentative de ce genre, au commencement du IVe siècle, alors que la conversion de Constantin assurait au christianisme droit de cité dans l'univers ; mais, à cette date (312), rien ne parle du monastère de Saint-Pierre (1).

J'incline donc à penser, d'après un document — cette fois authentique, car il est tiré des archives de l'abbaye — daté de la vingt-sixième année du règne de Gontran, que ce fut le roi des Burgondes, Gondemar, équivalemment appelé Godégiselle et Godésil, qui établit le monastère, après les troubles des invasions.

---

(1) « Aucun monastère n'a été évidemment possible, soit à Lyon, soit autre part, avant l'émancipation de la religion chrétienne par Constantin, et rien ne prouve d'ailleurs que l'érection de couvents ait suivi immédiatement la promulgation de l'édit impérial. Les monuments authentiques du IVe siècle sont extrêmement rares : on peut tout au plus ranger dans cette catégorie quelques cryptes ». *Cf.* MONTFALCON, *Hist. monument. de Lyon*, t. V, p. 177.

« Ce saint œuvre, dit le texte en parlant de la fondation, ce saint œuvre a mérité à Godégiselle et à sa femme
Teudelinde de racheter devant Dieu toutes les fragilités
qu'entraîne la puissance souveraine ».

D'ailleurs, le testament de saint Ennemond nous four-
nit ici la liste précise des abbesses (1). C'est d'abord Ray-
monde, la fille du noble Rodolphe; puis Vandamonde
ou Wadelmonde, fille d'un autre seigneur nommé Constantin; puis Radegonde, en qui le saint évêque avait mis
toute sa confiance, et qui mourut pendant son épiscopat; enfin, Animonie, à qui succédèrent plus tard les
deux sœurs d'Ennemond, Lucie et Pétronille.

Remarquons pourtant que malgré la vigilance des
abbesses, le monastère était loin de prospérer : les revenus matériels étaient insuffisants, et un besoin plus
pressant encore, celui du renouvellement de l'esprit
religieux, se faisait sentir, vers le milieu du VIIe siècle.

Ennemond pourvut à tout.

Les offres séduisantes que nous lui avons vu faire à
saint Wilfrid pour le décider à accepter la main de sa
nièce et à se fixer près de lui, nous ont prouvé déjà qu'il
possédait une grande fortune; mais, à défaut de cette
indication, les donations qu'il laissa à Saint-Pierre en
fourniraient un irrécusable témoignage.

Il ne se borne pas, en effet, à relever les bâtiments dé-
tériorés, à les agrandir et à leur donner ce cachet de
nouveauté qui permit, un siècle et demi plus tard, à
Leidrade, d'appeler Ennemond « Fondateur du monastère (2) »; il s'occupa aussi de l'avenir; et, pour mettre

---

(1) Le *Gallia christiana* ne fait commencer qu'au VIIe siècle la série des
abbesses de Saint-Pierre.

(2) Il existe un texte du XVe siècle, dans lequel saint Ennemond est qualifié

les religieuses à l'abri de toute éventualité pénible, il confirme aux abbesses les quelques dotations des précédents bienfaiteurs et leur en fait lui-même de très-brillantes. C'est ainsi qu'il leur donne, à perpétuité, les bénéfices, dîmes et perceptions de toute nature, appartenant à l'église de Ceyzérieu, située dans l'évêché de Genève, et tous les revenus qu'il tirait de la Tour-du-Pin ; sans parler des riches redevances auxquelles il assujettit les intendants et sous-intendants établis par lui dans les paroisses, bourgs ou villas dont le testament porte les noms.

Mais ce fut surtout à l'organisation intérieure du monastère qu'Ennemond s'appliqua sans réserve : il s'en occupa en évêque et en saint. Comprenant que les œuvres de charité (1) auxquelles il vouait ses religieuses allaient leur créer un labeur incessant, il ne leur fit point une règle compliquée de prescriptions nombreuses : quelques principes sommaires, mais riches de sens et féconds dans l'application, suffirent à tout. Du reste, Ennemond était là, chaque jour, pour élucider les difficultés pratiques, répondre aux doutes de ses filles et leur faciliter l'avancement dans la vertu. Il s'était, en effet, réservé à lui seul la direction du monastère : tout y relevait exclusivement de lui.

Aussi vit-on promptement à Saint-Pierre une trans-

---

du même titre : c'est une supplique de l'abbesse Guicharde d'Albon à l'archevêque Charles de Bourbon : « Sanctimoniales S. Petri Lugdunensis, per S. Annemundum *constitutæ* ». (1487.)

(1) L'auteur anonyme cité par les Bollandistes s'exprime ainsi : « Ubi Annemundus pauperes delegaverat ex suis alimoniis pasci ». — Et le petit manuscrit (*Cf.* la note de la page 9) de la Bibliothèque nationale, après avoir mis *Vie de saint Chaumond, évêque de Lyon*, porte en sous-titre : *Premier Instituteur des filles séculières en France*.

formation complète. L'esprit y devint parfait, et telle fut
la contagieuse influence des exemples de ces saintes
filles, que mainte vocation nouvelle surgit aux alentours. L'abbaye compta ainsi, en peu de temps, jusqu'à
trente religieuses, et le bon évêque eut la consolation de
voir son œuvre grandir et prospérer.

Le monastère, il est vrai, connut, dans la suite, des
jours de détresse; mais jamais il ne fut complétement
en péril; et, grâce à l'impulsion première qui lui avait
été imprimée par saint Ennemond, grâce aux soins dont
Leidrade l'entoura aussi plus tard, il serait peut-être
florissant aujourd'hui encore, si les sauvages démolis-
seurs de la fin du dernier siècle n'avaient exercé sur lui
leur haine forcenée (1).

Il serait facile, autant qu'instructif, d'en suivre l'histoire jusqu'aux jours calamiteux de 93; mais cette étude
ne se rattache pas assez à mon sujet, pour que j'essaie
de l'entreprendre. Qu'on me permette seulement deux
détails.

Le premier est relatif aux abbesses de Saint-Pierre-les-
Nonains. J'en compte soixante et onze sur la liste, laquelle
se clôt à la Révolution. J'ai nommé la première, Ray-
monde, fille de Rodolphe, homme très-noble : la dernière fut Marguerite-Magdelaine de Monteynard, sœur
du marquis de Monteynard, ministre de la guerre et
secrétaire d'Etat.

Le second touche à un fait plus récent.

Il y a trente-quatre ans, l'Académie de Lyon fut chargée, par le maire de la ville, de composer une inscrip-

---

(1) Les Dames de Saint-Pierre se recrutaient dans la haute aristocratie :
pour être admise dans l'abbaye, il fallait faire preuve de quatre quartiers de
noblesse du côté paternel et d'autant du côté maternel.

tion pour l'un des panneaux de la cour du palais Saint-Pierre. Elle s'arrêta au texte suivant :

ANCIEN MONASTERE DES DAMES DE SAINT-PIERRE
FONDE AU VIe SIECLE
DETRUIT PAR LES SARRASINS AU VIIIe
RELEVE PAR LEYDRADE AU IXe
RECONSTRUIT ET AGRANDI AU XVIIIe
RESTAURE PAR LA CITE AU XIXe
ET CONSACRE
AU COMMERCE , AUX SCIENCES , AUX LETTRES ET AUX ARTS.

Cette inscription souleva bien des critiques. Se faisant l'écho du blâme général, le *Courrier de Lyon* releva d'abord l'orthographe du mot Leidrade, et observa que, au témoignage même de cet archevêque, le monastère avait été fondé au VIIe siècle et non au VIe (1). Remarquant ensuite que le commerce, ou plutôt l'industrie, est partout à Lyon, et que le palais Saint-Pierre est l'unique sanctuaire des arts, il émit le vœu que la préséance leur appartînt, abstraction faite de toute discussion irritante, pour savoir à qui l'on doit la prééminence entre les arts et le commerce, considérés d'une façon absolue. Voici la rectification qu'il proposa :

RESTAURE PAR LA CITE AU XIXe
ET TRANSFORME EN UN MONUMENT CONSACRE
AUX ARTS, SOUTIENS DE L'INDUSTRIE
AUX SCIENCES , AUX LETTRES ET AU COMMERCE.

---

(1) « Monasterium puellarum in honorem sancti Petri dedicatum... ipse sanctus martyr et episcopus (Annemundus) instituit ». *Epist. Leidr., Lugdunensis archiepisc., ad Carolum Magnum imperatorem, circa an.* 807.

J'emprunte ce fragment à un livre intitulé : *Supplément aux Mazures de l'Isle-Barbe-lez-Lyon*, de C. LE LABOUREUR. — Rivoire, libraire à Lyon, M.DCCC.XLVI.

A quoi le *Journal de Saint-Etienne*, tout en rendant pleine justice au sens des observations, riposta que *transformer en un monument* n'était pas du beau style lapidaire.

L'affaire en resta là, comme la première inscription.

Peut-être citerai-je plus loin, en traitant du culte de saint Ennemond à Saint-Pierre, quelques particularités intéressantes sur l'abbaye. Il me suffit, pour le moment, d'avoir indiqué l'essor qu'imprima le saint évêque à la vie religieuse, dès la restauration du monastère, et d'avoir rappelé les soins assidus dont il entoura sa communauté jusqu'à l'heure, malheureusement trop prématurée, de son martyre.

Il est temps, d'ailleurs, de mentionner quelques autres traits consignés dans les vieilles chroniques. Ces détails sont d'une importance bien minime, j'en conviens ; mais, dans une vie peu accidentée, les moindres particularités acquièrent une valeur relative qui ne me permet pas de les omettre ici.

Je lis, par exemple, la signature de l'évêque de Lyon au bas du privilége d'exemption accordé, par le roi Clovis, à l'abbaye de Saint-Denis, le 22 juin 653, et au bas d'un autre privilége accordé, vers 659, au monastère de Sainte-Colombe, par Emmon, évêque de Sens, suffragant du primat des Gaules.

Vers la même époque je trouve encore Ennemond parmi les Pères du Concile de Paris, et je vois son nom figurer dans les actes de la sainte assemblée.

Je relève aussi, pour mémoire, un mot de Polydore Virgile. Au témoignage du religieux historien, ce fut notre Saint qui, en 654, fit venir de Naples les premières cloches qu'on ait eues à Lyon : elles avaient été fondues à Nôle, en Campanie, et on les plaça dans l'église des Macchabées.

J'arrive, enfin, à l'unique pièce qui nous ait été conservée de saint Ennemond, son Testament.

Cette pièce, qu'on pourra lire en son entier au n° 2 de l'*Appendice*, a été longtemps tenue pour suspecte (1). L'espèce d'ostentation avec laquelle s'y rencontre le qualificatif *archiepiscopus*, et, plus encore, la difficulté de reconnaître les paroisses et localités citées dans le texte, ne contribuaient pas médiocrement à jeter des doutes sur sa parfaite authenticité.

Mais si l'on réfléchit que le terme *archiepiscopus,* à peu près inconnu au viie siècle (2), a été employé dès le milieu du ixe, et que l'usage s'en est généralisé au xe, on comprendra que la présence du qualificatif est le fait d'un copiste qui, transcrivant ultérieurement la pièce, aura jugé bon d'employer la langue de son temps, et, changeant le mot, aura mis *archiepiscopus* partout où le texte primitif avait *episcopus* (3).

L'objection sérieuse portait sur les noms propres.

---

(1) Ce fut, au xviie siècle, l'avis de Mabillon. — A leur tour, les auteurs de la nouvelle *Gallia christiana* mettent ce texte en suspicion (*Cf. Patrolog. Curs. compl.*, t. LXXXVIII, col. 1164.) — Enfin, Michaud déclare net, au tome XII de sa *Biographie universelle* (p. 435, 2e col.), que « c'est une pièce *évidemment suspecte* ».

(2' Le métropolitain de Tours, Laudran Ier est regardé comme le premier métropolitain qui ait pris, en France, le titre d'*Archevêque* (817). On cite pourtant un évêque d'Arles qui aurait porté ce titre au vi^e siècle. (Conférez Migne, *Encyclop.* t. VIII, col. 78, 79, 80.) — A Lyon, c'est Aurélien (875-895) qui porta le premier le titre d'*Archevêque.*

(3) Dans une lettre adressée, en 1251, par Innocent IV au recteur de l'église de Saint-Nizier, le Souverain Pontife parle évidemment comme on parlait alors, lorsqu'il dit : « Quum ecclesia vestra habeat Altare per B. Pothinum, primum ARCHIEPISCOPUM lugdunensem, primo erectum et dedicatum in honore B. Virginis citra montes ».

Quelle pouvait bien être, notamment, cette « Eglise de Saint-Pierre située dans l'évêché de Genève ?.... » Où retrouver la paroisse « Marines », le bourg de « Loimipagus », les terres « Trequafenses », la villa « Increrata », etc. ? Et comment arriver à substituer, avec exactitude, les noms modernes aux noms anciens ?

Il y avait de quoi tenter un chercheur : aussi, s'en est-il rencontré un, lequel — je ne le nommerai point — a résolu presque toutes les difficultés.

L'église érigée dans l'évêché de Genève, sous le vocable de saint Pierre, n'est autre que l'église de Ceyserieu, au canton de Virieu-le-Grand (Ain) (1). Propriété particulière de saint Ennemond, cette église fut donnée, vers 655, avec toutes ses dépendances, aux religieuses de l'abbaye de Saint-Pierre-les-Nonains, et celles-ci en firent la chapelle d'un prieuré qu'elles placèrent, après le martyre de l'évêque, sous son pieux vocable. — Nous avons, du reste, à la date de 1345, une bulle d'Innocent IV, qui confirme aux abbesses la possession du prieuré, désigné, cette fois, sous le nom significatif de « Prieuré de Saint-Ennemond-de-Ceyserieu ».

« Loimipagus » est, aujourd'hui, « Lompnas » (prononcez « Launas »), dans le canton de Lhuis (Ain). — La paroisse dite « Marines » est en Dauphiné et s'appelle « Amarin ». — A « Terræ Trequafenses » correspond « Charpieux », et à « Villa Increrata », « Indrieu », en Dauphiné.

---

(1) Bien qu'à cinq quarts d'heure seulement de Belley, Ceyserieu ne relevait pas de cet évêché, mais se trouvait enclavé dans le diocèse de Genève. — Ceyserieu n'est guère éloigné de la Tour-du-Pin, autre localité dans laquelle saint Ennemond possédait de riches domaines, et dont le nom figure aussi à son Testament.

Il est assez probable que les deux « Villa de Carpezato »
et « de Brego » étaient aussi dans la même province ;
mais il a été impossible d'en retrouver la désignation
actuelle.

Les autres noms : « Turris de Pino », « Dolomicuraticus
vicus », « Silva Bregonensis », ont pour correspondants
incontestés, la « Tour du Pin », « Dolomieu » et « Bran-
gues ».

Il me semble donc permis de regarder maintenant
comme authentique, un document qui n'avait guère
contre lui que la difficulté de reconnaître les localités
qu'il mentionnait.

En elle-même, d'ailleurs, cette pièce ne nous apprend
rien de nouveau. Elle nous prouve seulement une fois
de plus combien saint Ennemond avait à cœur d'assurer
l'avenir matériel de l'abbaye.

Nous allons voir qu'il ne s'y était point pris trop tôt.

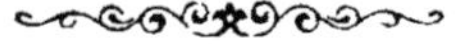

CHAPITRE TROISIÈME

MARTYRE DE SAINT ENNEMOND

Tant que vécut le roi Clovis II, Ennemond et son frère, jouirent à Lyon d'une parfaite tranquillité. Ce prince les avait connus l'un et l'autre au palais; il les regardait comme ses amis et leur accordait toute sa confiance.

Malheureusement les excès le précipitèrent avant l'âge dans le tombeau. Et lorsque la couronne des trois royaumes eut passé sur la tête de son fils Clotaire, enfant de six ans, des jours mauvais se levèrent pour la France.

La régence, il est vrai, était aux mains de Bathilde, princesse aussi distinguée par son esprit que par ses vertus. Mais le bras d'une femme pouvait-il tenir longtemps avec succès contre l'audace chaque jour croissante des maires, des Grimoald et des Ebroïn ?

On sait, en effet, la puissance que ces derniers s'étaient arrogée vers le milieu du viie siècle.

Simple officier du palais, le maire avait, tout d'abord, été chargé seulement du gouvernement intérieur de la maison du prince et de l'administration de sa fortune personnelle. Ce poste de confiance l'établissant, de plein droit, le premier des fonctionnaires royaux, il avait reçu

et porté sans conteste les titres de *Magister palatii* et de
Major domus. Mais peu à peu à ces attributions privées
s'en joignirent de judiciaires, et, les circonstances aidant,
on vit les maires des trois royaumes tenter un rôle politique et essayer de gouverner, comme tuteurs, au nom des
rois enfants. L'année 614 marqua même un nouveau progrès, car Warnachaire obtint de Clotaire II que la mairie
serait désormais viagère et inamovible, et il prit le nom
peu équivoque de *Subregulus* (1).

Quand Clovis II mourut, la mairie appartenait à Erchinoald, homme flexible et insinuant, d'un esprit très-ou-
vert à l'administration, probe, du reste, et dont les conseils ne laissèrent pas d'être utiles à Bathilde, la reine-
régente.

Peut-être bien des maux eussent été épargnés au
royaume, s'il eût vécu longtemps; mais, quelques mois
après la mort de son maître, il disparaissait lui-même
et ouvrait ainsi le champ large aux ambitieux.

C'est alors que les Francs se réunirent en assemblée
solennelle, pour lui choisir un successeur. Après beaucoup d'hésitation, ils élevèrent à ce comble d'honneur le
trop fameux Ebroïn (2).

Ebroïn (Eberwin) était un Franc du Soissonnais, riche,
mais d'origine vulgaire et dont le parler malsonnant et à
demi-barbare contrastait avec les fastueuses prétentions.

---

(1) Voir, dans le beau livre de M. Alphonse Vétault sur *Charlemagne*
(A. Mame, novembre 1876), le rôle politique des maires du palais pendant le
règne des Mérovingiens, p. 41 et suivantes.

(2) Voici comment s'exprime le premier continuateur de Frédégaire : « Vers le
temps de l'avénement de Clotaire, mourut Erchinoald, maire du palais. Les
Francs, d'abord indécis, conférèrent à Ebroïn l'honneur de cette charge ».
Cf. Guizot, *Mém. relat. à l'hist. de France*, t. II.

Deux traits dominent dans son caractère, l'orgueil et la cupidité.

Orgueilleux, il l'était autant que peut l'être un parvenu. Vainement il entoure d'honneur le fantôme de roi au nom duquel il commande : sous ce jeu hypocrite, il vise à confondre dans sa personne la royauté et la mairie ; et ni crainte, ni scrupule, ni revers ne détourneront de ce but son âme hautaine.

Avec l'orgueil marche la cupidité, l'une frayant la route à l'autre.

C'est la cupidité qui lui fera vendre la justice au poids de l'or dans les mâls ; c'est elle qui lui fera user des moyens de confiscation les plus arbitraires pour comprimer les leudes et violenter l'aristocratie ; c'est elle enfin, autant peut-être que l'instinctive aversion qu'il éprouve pour tout homme vertueux, qui lui fera verser le sang innocent (1).

Mettez au service de ces deux passions une intelligence peu commune, une volonté inébranlable, un cœur fermé aux sentiments d'humanité les plus élémentaires et une patience à toute épreuve, et vous comprendrez sans peine l'épithète de « Roi des Méchants, *Malorum omnium princeps* », dont le qualifie un annaliste chrétien, Robertus Gaguinus.

---

(1) On lit, dans la vie de saint Léger par un Moine de Saint-Symphorien d'Autun qui vécut au temps du saint Evêque et près de lui : « Ebroïn était enflammé d'un tel amour d'argent, que ceux qui lui en donnaient davantage avaient toujours gain de cause près de lui... Les uns lui donnaient de l'argent par peur, d'autres pour obtenir justice... Non-seulement il faisait cet inique commerce, mais, pour une légère offense, il répandait le sang de beaucoup de nobles innocents ». — Même témoignage dans la *Patrologie latine* (*Curs. compl.*, t. XCVI) : « Ebroïn, caractère ambitieux, cupide, qui n'eut qu'un seul amour, celui de l'argent ».

Tel était pourtant l'homme désigné, vers 657 (1), par les Neustriens, pour succéder à Erkinoald.

Aussi, le regard aime-t-il à quitter cette figure sinistre pour se reposer sur une autre figure, sympathique celle-là et attachante, celle de la reine Bathilde. Il n'est pas douteux que la Providence l'avait réservée pour tenir tête aux menées d'Ebroïn.

Douée, elle aussi, d'une intelligence d'élite et d'une volonté de fer, elle décuple, par sa foi en Dieu, ces forces naturelles. Du reste, l'habitude du commandement l'a, de bonne heure, préparée à l'administration des trois royaumes, et les malheurs qu'elle a vus ou entendu raconter autour d'elle sont autant de leçons de l'expérience qu'elle se propose de mettre à profit.

Il faut la voir s'entourant d'évêques, dans son conseil, et travaillant avec eux à établir en France l'unité nationale.

C'est un trait de génie, dans cette femme, que la pensée d'en finir avec les démembrements et morcellements de

---

(1) Il est difficile de fixer avec certitude la date précise à laquelle Ebroïn devint maire du palais. Parmi les auteurs de dictionnaires d'histoire, les uns, comme Michaud, *l'Encyclopédie universelle du XIXe siècle*, etc., n'en donnent aucune (c'est une singulière façon de couper court aux difficultés) ; — les autres, Bouillet, Dezobry et Bachelet, Grégoire, la reculent jusque vers 659. Je ne veux point médire de ces derniers et prétendre qu'ils se sont copiés les uns les autres ; mais, en vérité, je serais curieux de trouver quelque preuve à l'appui de leur assertion. (Dans Dezobry, par exemple, l'article Ebroïn est signé par un agrégé des Lettres ; je préférerais qu'il le fût par un agrégé d'*Histoire* : à chacun sa partie.) Le dictionnaire de Jal, si recommandable pour toutes sortes de corrections, se tait malheureusement sur le détail qui nous occupe. Il me reste donc à dire pourquoi je préfère la date 657. C'est que, d'une part, Erkinoald mourut, de l'aveu de tout le monde, à cette époque ; et, d'autre part, que rien, absolument rien, n'indique une vacance de deux années (657-659) dans la Mairie. Puis donc qu'Ebroïn *succéda* à Erkinoald, n'est-il pas raisonnable de penser que ce fut dès l'année même de sa mort, 657 ?

territoire. Elle veut la France grande et une ; et c'est pour cela qu'à la mort de son époux (656) elle déclare la couronne indivise et exclut du trône ses deux plus jeunes fils, pour laisser à l'aîné toute la monarchie.

Et comme la piété se trouve chez elle à la hauteur de l'intelligence, elle n'agit ainsi que pour atteindre plus sûrement, par la grandeur de la France, à l'exaltation du règne de Dieu.

De là à proclamer la *capitation* abolie et à déclarer *libre* la terre des Francs, il n'y a pas loin ; car son cœur de reine ne pouvait longtemps rester insensible aux deux maux qui désolaient le royaume, les exactions fiscales et la servitude. Et cette proclamation, cette déclaration eut lieu ; et l'on vit les masses populaires entourer la régente de marques de reconnaissance qui paralysèrent quelque temps l'humeur subversive des leudes et jusqu'aux projets d'Ebroïn lui-même.

Car, en homme avisé, il se garda bien de laisser percer du premier coup la noirceur de ses plans.

Outre que les vertus et l'ascendant de Bathilde lui en imposaient tout d'abord, il jugea prudent de s'assurer, pour l'exécution de ses desseins, d'un bon nombre de créatures dévouées : et ce fut seulement le jour où il crut son pouvoir solidement établi, qu'il leva le masque.

On n'était pas loin alors de 660, et les conjectures paraissaient devoir favoriser ses projets. Las d'une contrainte de quelques années, les leudes austrasiens venaient de se lever en tumulte et d'exiger un roi. Et Bathilde, pour éviter de plus douloureux déchirements, leur avait donné son second fils.

Aussitôt Ebroïn ne connaît plus de réserve.

Il ne prétend plus s'embarrasser désormais des volontés de la régente, ou, s'il se sert encore d'elle, ce sera par un comble de perfidie, pour faire passer sous le couvert du nom de Bathilde ses mesures les plus arbitraires.

Par ce moyen, il donnera le change dans les provinces, et rendra facile l'exécution des ordres les plus criminels.

De ses nombreuses victimes, les fils de Sigonius furent presque les premières.

Ce n'est pas impunément que Dauphin avait gouverné dans la justice Lyon et la province, ni qu'Ennemond envoyait des conseils à la Régente et présidait parfois à la distribution de ses largesses. Tant d'équité et de faveur portait ombrage à l'orgueilleux Ebroïn, et il se promit de perdre les deux frères.

Mais, pour mieux assurer sa vengeance, il prit du temps.

Il essaya d'abord de lasser Dauphin par toutes sortes de vexations dirigées contre son peuple. Il voulait aussi provoquer par là dans la ville des murmures et des soulèvements. Mais, comme la chose allait trop lentement à son gré, il gagna, dans l'entourage même de la reine et de Clotaire, des courtisans sans conscience, pour accuser Dauphin de malversation et d'injustice.

Cela fait, Ebroïn se couvre du nom et de l'autorité de Bathilde et lance contre le gouverneur l'ordre formel de venir à la cour pour y rendre compte de son administration.

Fort de son innocence, Dauphin se rend à Marolle, près d'Orléans, où le jeune roi tenait cour plénière.

Mais la perfide cruauté d'Ebroïn l'y avait prévenu, et l'assurance des témoins fut si audacieuse et si complète, que Clotaire, croyant l'accusé coupable de tous les crimes dont on l'inculpait, le condamna à mort.

C'était pour le maire du palais un premier triomphe : mais il fallait à sa rage une seconde victime, et celle-ci semblait moins aisée à obtenir.

Ennemond, en effet, avait sur la reine Bathilde une influence qui n'échappait à personne, et Clotaire même tenait à lui par des liens intimes ; car, en 650, aux premiers jours de son épiscopat, le bon Évêque l'avait reçu des fonts du baptême.

Il n'était donc pas facile de perdre Ennemond dans l'esprit du roi et de sa mère. Mais Ebroïn ne se rebuta pas.

On savait, dans toute la France, avec quel soin jaloux la régente veillait à l'intégrité du royaume. Si donc il parvenait à accréditer le bruit que l'évêque de Lyon, afin de venger la mort de son frère, nouait des intelligences avec les princes étrangers pour enlever la couronne à Clotaire, c'en était fait d'Ennemond.

Ebroïn se mit à l'œuvre sans retard. Et telle est la funeste puissance de diffusion de la calomnie, qu'il n'était bientôt bruit à la cour que des intrigues criminelles de l'Évêque.

Bathilde cependant refusait d'y croire ; mais les courtisans soudoyés par le maire affirmaient d'autant plus la trahison.

Une explication devenait nécessaire. Ennemond fut donc, à son tour, mandé au palais.

Mais cette mesure, qui semblait définitivement assurer la victoire à Ebroïn, était pour lui, en réalité, grosse de périls. Si Ennemond réussissait à parler à la reine, on pouvait être sûr d'avance qu'il se disculperait aisément et que son innocence ferait clairement ressortir les cruelles machinations du ministre. Il fallait donc à tout prix l'empêcher d'arriver jusqu'à Bathilde.

Dans ce but, Ebroïn se chargea d'expédier lui-même à l'évêque de Lyon l'ordre royal; mais il donna, en sous-main, à ses émissaires le commandement exprès de se défaire de lui pendant la route : Ennemond ne pourrait refuser d'obéir aux volontés de Clotaire qui l'appelait à la cour, et il serait facile aux sicaires, une fois loin de Lyon, d'en finir avec la victime.

Cette combinaison barbare fut de point en point exécutée.

Trop instruit par l'assassinat de son frère pour ne pas flairer quelque piége, Ennemond essaya d'abord de se dérober par la fuite à la persécution (1). Il suivait ainsi l'impression première, mais elle dura peu ; la pensée du troupeau qu'il laissait exposé sans défense aux dents des loups ravisseurs le ramena bien vite à d'autres sentiments ; et, avant même qu'on ait pu s'apercevoir de son départ, il était déjà de retour au milieu de ses ouailles (2).

Il passe alors avec ses clercs quelques heures dans les prières et les larmes ; il offre une dernière fois pour son peuple le saint Sacrifice ; et, quand il a fini, il échange avec ce même peuple de touchants adieux (3).

---

(1) « Le palais de l'Archevêque était situé dans le quartier de l'ouest, auprès de l'église Saint-Jean : édifice bien peu considérable pendant les VIIe et VIIIe siècles, détruit plusieurs fois pendant les guerres civiles et étrangères, il fut rebâti au XIe sur des proportions plus majestueuses. Le véritable palais archiépiscopal ne fut construit qu'au XVe siècle ». — *Conférez* MONTFALCON, *Hist. monumentale de la ville de Lyon,* t. VIII, p. 305, sq.

(2) On sait que le vrai type du martyre, subi selon l'ordre de Jésus-Christ, est la mort de saint Polycarpe se retirant d'abord devant le péril, puis, lorsque l'heure en fut venue, acceptant le combat sans faiblesse.

(3) Voir le n° 3 de l'*Appendice.*

Interrompu par un ordre sauvage du chef des émissaires, Ennemond se met en marche, le visage rayonnant d'une joie divine, et accompagné seulement de saint Wilfrid, deux prêtres, deux diacres, deux clercs, et Waldebert, abbé de Luxeuil.

Ce dernier témoignait beaucoup de tendresse au saint Evêque. Les allures peu rassurantes des gardes, ce départ précipité, cette accusation calomnieuse, tout faisait pressentir une prochaine catastrophe, et il ne pouvait se résoudre à le quitter.

Aussi, quand le cortége approcha de Mâcon, ne fallut-il rien moins que l'assurance formelle des sicaires qu' « aucun mal ne serait fait à Ennemond » pour qu'il consentît à regagner son cloître.

De fait, sa présence gênait les émissaires d'Ebroïn : ils avaient besoin d'être seuls pour perpétrer au plus vite leurs desseins criminels.

Sans égards désormais pour leur noble captif, ils lui refusent de saluer au passage Agan, évêque de la ville, et c'est à peine s'ils lui laissent le temps nécessaire pour prendre quelque repos.

Le lendemain, avant l'aube du jour, on se remet en route, et, de même que la veille, on prive l'auguste voyageur de toute consolation.

Vers le soir toutefois, comme on arrivait près de Châlon et qu'on achevait de dresser les tentes, un vieux serviteur de Dieu du voisinage demanda et fut autorisé à venir partager avec Ennemond et sa suite son modeste repas, et à prolonger la veillée en pieux entretiens.

C'était une dernière précaution des bourreaux, qui pensaient devoir être d'autant plus libres que chacun serait plus fatigué. Aussi, quand tout le monde fut enseveli dans un profond sommeil, approchèrent-ils de la tente d'Ennemond.

Accablé lui-même de lassitude et brisé par les émotions, le saint Evêque dormait profondément : l'heure était donc propice pour accomplir le forfait.

On n'attend point ici, j'imagine, de longs et émouvants détails. J'en avertis d'avance : le drame fut court et sans péripéties. Toute l'histoire du martyre est dans les mauvais traitements qui le précédèrent et le triomphe qui le suivit. Quant au meurtre lui-même, ce fut l'affaire d'un instant : commis de la façon la plus vulgaire, au milieu et à la faveur d'une nuit obscure, par quelques misérables sans nom, il donna satisfaction aux rancunes d'un monstre.

Qu'essayerais-je, après cela, de mettre d'accord entre eux sur des circonstances banales les différents chroniqueurs ; et que nous importe de savoir au juste si la tête du Saint fut totalement détachée du tronc et s'il périt d'un coup d'épée ou d'un coup de poignard ?...

Un seul point nous intéresse, et il est hors de doute : c'est qu'Ennemond tomba victime de son amour de l'équité et de son zèle ardent pour la gloire de Dieu.

Incapable de supporter l'injustice et de se taire en face de l'oppression de son troupeau, il s'était plaint hautement des procédés iniques d'Ebroïn ; et ce dernier, impatient de toute critique comme un despote, et cruel comme un barbare, le fit tuer en haine de sa vertu.

Ennemond mourut donc en *témoin* de son Dieu, en martyr.

Un seul détail reste à élucider. Cela se passait-il, comme on l'a tant de fois répété, en 657 ; ou en 659 ; ou même en 663 ?...

On voudra bien remarquer d'abord que la première de ces trois dates ne soutient guère la discussion. Outre qu'en 657 Ebroïn venait à peine d'arriver au pouvoir et manquait par conséquent du crédit nécessaire pour organiser le mal, il serait impossible alors d'expliquer la présence de la signature d'Ennemond dans l'acte d'exemption accordé la troisième année du règne de Clotaire, c'est-à-dire au plus tôt vers la fin de 658, au monastère de Sainte-Colombe, par l'évêque de Sens.

Il faut donc choisir entre 659 et 663.

Or, il me semble que tout milite en faveur de 663.

Ce n'est qu'en 660, après que Bathilde eut accordé son fils Childéric aux leudes d'Austrasie, qu'Ebroïn commença à lever la tête ; jusqu'alors il avait médité son plan d'attaque et gardé une certaine mesure : partant, le massacre presque successif des deux frères, facile à comprendre quelques années plus tard, demeure presque inexplicable en 659 (1).

D'autre part, est-il vraisemblable qu'un enfant de neuf ans à peine (c'était l'âge de Clotaire III en 659) ait pris sur lui de condamner le gouverneur de Lyon, l'ami dévoué de feu son père, et l'un des plus fidèles soutiens de Bathilde?... En 663, au contraire, Clotaire a treize ans, et déjà les leçons mauvaises d'Ebroïn ont pu agir sur sa jeune âme. Faites-le circonvenir à point par des témoins sans foi, mais non sans audace, et tout s'expliquera, tout, jusqu'à un arrêt de mort.

Du reste, en 663, je vois l'influence de la régente, cette

---

(1) Je pourrais invoquer ici, contre 659, le témoignage des dictionnaires d'histoire déjà cités, lesquels marquent, à cette date, l'entrée en charge d'Ebroïn. Mais j'ai dit plus haut que cette date me paraît inexacte, et je ne m'en servirai pas.

influence qui était intacte en 659 et qui suffisait à conjurer les maux du royaume, je la vois, dis-je, si fort battue en brèche qu'avant un an il faudra que Bathilde elle-même descende du trône et qu'elle vienne chercher au monastère de Chelles la tranquillité qui la fuit à la cour.

Je n'ose point invoquer, comme dernière autorité, le texte de la légende du bréviaire romain-lyonnais (1). Il s'y rencontre, en effet, quelques inexactitudes : on y parle de Sigebert III aux lieu et place de Sigebert II, et l'on y décide, fort prestement, que le saint Evêque a été enseveli à Saint-Nizier et non à Saint-Pierre ; mais on déclare franchement aussi que le martyre eut lieu le 4 des kalendes d'octobre, en 663.

Je m'arrête donc, pour toutes ces raisons, à la dernière date (2).

---

(1) Les divisions à part, c'est la même qu'on lit dans les éditions précédentes du bréviaire lyonnais, celle de Mgr de Bonald (1844), celle du cardinal Fesch (1815), etc.

(2) Il est une quatrième date que j'aurais pu citer, car La Mure la donne (*Hist. eccl. du Diocèse de Lyon*, p. 109) : c'est 667. Mais l'erreur en est si manifeste, que j'ai cru inutile de compliquer d'un quatrième terme la discussion. En 667, sainte Bathilde avait, depuis trois ans, disparu de la scène politique, et l'on sait que toutes les relations écrites qui nous sont parvenues sur saint Ennemond *s'accordent* à reconnaître que, soit volontairement, soit à son insu, le nom de la régente fut en jeu dans la mort du Pontife. Il est indiscutable, d'autre part, qu'en 664, l'année même où Bathilde se retirait à Chelles, le siége épiscopal de Lyon était occupé par un ancien aumônier de la princesse, Genesius, qui fut plus tard saint Genis.. La date 667 donnerait donc un démenti à l'histoire : il faut la rejeter comme une fable.

DEUXIÈME PARTIE

CULTE

DE

SAINT ENNEMOND

Saint Ennemond a, jusqu'à la fin, *combattu pour la justice :* il est mort martyr. L'heure est donc venue pour que Dieu se lève et *terrasse les ennemis* (1) de son témoin.

Mais ce Dieu puissant a, pour faire éclater sa vengeance, des moyens divins, et sa justice trouve également son compte à exalter la victime ou à châtier le bourreau.

Qu'Ebroïn jouisse donc, quelques années encore, du succès de ses ténébreuses machinations : Celui qui a pour Lui l'éternité peut patienter et attendre. Mais, en même temps, comme un maître jaloux des intérêts de ses serviteurs, il saura poser sur le front du martyr une auréole, et, de ce corps traîtreusement frappé, il fera un instrument de salut et de résurrection.

Il n'y a que le Dieu de la religion chrétienne pour opérer de semblables métamorphoses. Seul, il sait embellir et transfigurer la mort; seul, il s'entend à rendre des oracles jusque sur les tombeaux.

Etudions donc l'histoire des triomphes de notre grand Evêque. Les peuples, à la vue de ses miracles, l'ont

---

(1) *Eccli.*, IV, 33.

spontanément proclamé *Saint* et *Martyr :* à notre tour maintenant de célébrer ses bienfaits et de montrer la vénération qui entoura sa mémoire à Lyon, dans les régions voisines et jusque dans de lointaines provinces.

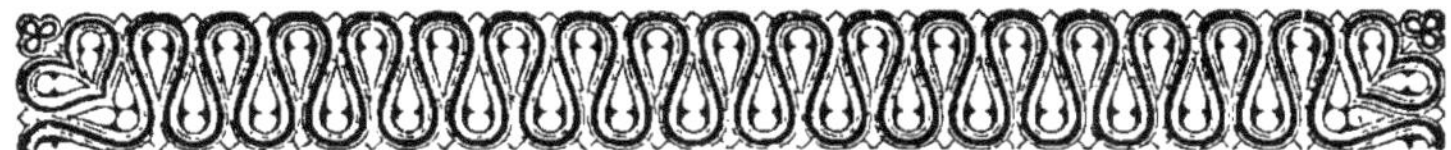

CHAPITRE PREMIER

CULTE DE SAINT ENNEMOND A LYON

§ I. — **Translation du Corps**.

Le culte de saint Ennemond commença, on peut le dire, le jour même de sa mort.

J'ai raconté la façon dont les sicaires d'Ebroïn en avaient usé avec le Pontife pour se débarrasser frauduleusement, à l'insu de sainte Bathilde ou malgré elle, d'un homme odieux à leur maître. J'aurais pu, en me tenant au texte des historiens anglais, Bède, Eddius, etc., rapporter quelques autres détails et donner notamment à la personnalité de saint Wilfrid, leur compatriote, dont ils semblent surtout se préoccuper, un peu plus de relief.

Mais il n'importe ici, et j'ai préféré suivre le récit de l'auteur anonyme du ixe siècle, lequel, concentrant toute son attention sur le Martyr, est à la fois plus intéressant pour nous et plus utile à consulter.

Or, dit-il, à peine le crime était-il consommé, qu'on vit au-dessus de la tente d'Ennemond une colonne lumineuse assez semblable à un arc-en-ciel.

Aussitôt les gardes de s'interroger avec un étonnement mêlé de stupeur, et les clercs, éveillés par le bruit que provoque un spectacle si nouveau, d'accourir près de leur Évêque.

A la vue de ses restes inanimés, ils éclatent en sanglots : « O funeste négligence ! », s'écrient-ils ; « nous avons perdu par notre faute celui que nos soins n'ont su entourer ! »

Et les chefs de l'escorte, à qui ils courent annoncer la nouvelle, poussent l'hypocrisie jusqu'à prendre part à leurs regrets.

Mais, fait observer le vénérable 'Bède, la feinte n'échappa point à saint Wilfrid : « Vous êtes les meurtriers de mon Seigneur », leur dit-il avec une indignation que ses larmes ne 'peuvent retenir. Et, présentant sa poitrine à leurs épées : « Achevez votre œuvre, continue-t-il ; ne séparez pas dans la mort le fils de son père : il 'est bon qu'ils soient un en Jésus-Christ ? »

Déconcertés par cette courageuse interpellation, les sicaires s'éloignent et laissent la suite de l'Evêque recouvrir son corps et le déposer dans une barque qui doit le ramener, par la Saône, jusqu'à son palais.

Prévenus en toute hâte, les moines de l'Ile-Barbe le reçoivent en effet, le lendemain soir, avec de grands honneurs. Ils le lavent dans des eaux parfumées, l'enveloppent des linges les plus fins, et, après une nuit passée en prières, le placent sur un brancard qui sera, au point du jour, transporté à Lyon.

C'est aux portes de la cité que viennent le recevoir le clergé et les fidèles de toutes les paroisses.

Dès qu'apparaissent les restes sacrés du Pontife, le chœur entonne une antienne composée pour la circonstance : « Gloire à vous, Seigneur », répètent toutes les bouches, « gloire à vous ! Car, si vous nous rendez mort celui que nous croyions seulement parti pour l'exil, vous nous le rendez du moins plein de mérites et de vertus ».

Et l'office commence. Et, d'après une autre relation, la douleur générale ne laisse pas que d'être tempérée par une joie douce et intime à la vue de la gloire du serviteur de Dieu.

Cependant, on se dispose à promener dans la ville le corps mutilé du saint Martyr.

Mais, ici, la légende empiète sur l'histoire à tel point qu'il devient fort difficile de faire exactement la part de la vérité.

S'il faut ajouter foi à une narration rapportée par les Bollandistes et pleine d'ailleurs de faits extraordinaires (1), il aurait été impossible de détacher le corps de la place où on l'avait d'abord déposé : *nullatenus de loco dimoveri potuit.*

Car chaque paroisse briguait l'honneur de garder chez elle ce rare souvenir ; et c'était à qui se montrerait le plus fort ou le plus habile pour s'en assurer la possession.

Tout à coup l'arrivée des Religieuses de l'abbaye de Saint-Pierre trancha la difficulté.

Les sœurs d'Ennemond, qui faisaient partie du cortége, s'étant approchées du lit funèbre, reconnurent sans peine leur frère chéri et s'agenouillèrent à ses pieds en pleurant amèrement.

---

(1) Un détail, entre mille, relatif au transport du Saint de Châlon à Lyon : « Navigium *absque* nauclero seu *quocumque ductore* Lugdunum delatum fuit. Res mira ! quâcumque parte transiret, omnia *cymbala*, quæ in locis erant, *absque agitante sonuerunt ;* atque *duo candelabra* argentea divinitus desuper missa, cereis superlucentibus, sancto corpori in navi continnò *adhæserunt* ». Les leçons du jour de la fête de saint Ennemond, et celles qu'on récitait pendant l'octave, à l'abbaye de Saint-Pierre, sont presque intégralement tirées du même auteur. Le passage ci-dessus figure au 5e jour de l'octave. — *Cf. Append.,* nº 5.

Et le corps, comme s'il obéissait à une impulsion d'en haut, *divinitus motum*, s'approcha d'elles à son tour.

Et aussitôt, sans plus de dispute, les Religieuses transportèrent en grande pompe le précieux dépôt dans la chapelle de l'abbaye. Le Martyr ne venait-il pas en effet — comme le fait observer l'annaliste — d'indiquer assez clairement qu'il voulait être enseveli près de ses deux sœurs et qu'il désirait enrichir leur sanctuaire de ses restes vénérés ?

De fait, l'abbaye en jouit fort longtemps sans conteste.

Mais, au xiiie siècle, Saint-Nizier chercha à lui en disputer la possession : de là un procès aussi long que curieux, dont je résume les débats au paragraphe suivant.

§ II. — Inhumation du corps.

Dans la seconde édition (1628) de sa *Chronologia historica Archiantistitum lugdunensium*, Severt a réuni la plupart des arguments dont chacune des deux églises prétendit étayer sa cause, au moyen âge, pour prouver qu'elle était bien réellement en possession du corps de saint Ennemond.

Ces arguments sont nombreux : il n'y en a pas moins de dix-huit pour Saint-Pierre, et douze en faveur de Saint-Nizier ; mais plusieurs n'ont pas la force que les parties ont cru leur trouver.

Ainsi les chanoines de Saint-Nizier et les Dames de Saint-Pierre veulent s'autoriser chacun d'une oraison de leur office où l'on dit de saint Ennemond : « Qui *in præsenti* requiescit ecclesiâ (1) ».

---

(1) « Qui repose dans cette église ».

Ailleurs, les Religieuses se réclament des bienfaits insignes dont le Saint les combla. Elles font remarquer que la plupart de leurs prieurés ont été érigés sous son vocable ; que le grand-autel de leur église a été dressé aux bienheureux Pierre et Ennemond ; que la grosse cloche de Saint-Pierre porte le nom du saint Martyr ; que les vitraux et les anciennes peintures de l'église le représentent avec les principaux détails de sa vie et de sa mort : observations sensées qui tendent assurément à démontrer que tout parlait de lui à Saint-Pierre, mais qui n'ont qu'assez indirectement trait au point en litige.

Du reste, pour juger en connaissance de cause, voici les arguments de quelque importance proposés de part et d'autre.

1. *Arguments en faveur de Saint-Nizier.*

1° C'est d'abord une bulle d'Innocent IV, datée de Lyon (1250). On y lit : « .... Quum igitur in ecclesiâ vestrâ, quæ cathedralis et prima sedes extitit Lugduni, *corpus B. Annemundi* martyris, Lugdunensis archiepiscopi *requiescat ;* nos cupientes ut dicta Ecclesia ad quam, ejusdem reverentiâ martyris, morbum caducum patientium confluit multitudo, congruis honoribus frequentetur.... quadraginta dies de injunctâ sibi pœnitentiâ relaxamus (1) ».

---

(1) J'ai trouvé cette bulle textuellement reproduite au bas d'une enquête faite, en 1251, par un simple paroissien de Saint-Nizier, Humbert de Vaux (Humbertus de Vallibus), docteur en droit. Pour être fort détaillée — elle se déroule sur un parchemin large de 18 à 20 centimètres et qui n'a pas moins de quinze mètres de longueur, — l'enquête ne produit pourtant aucun fait

2° Viennent ensuite les paroles du huitième répons de l'office du Saint, à Matines, tel que le disent les chanoines : « Corpus assumunt martyris : ferentes pondus doloris, imposuerunt navi flendo duxeruntque Lugdunum. Quod clerus et populus plangendo suscipientes, sarcophago condunt psallentes. Martyr sepelitur in Basilicâ Petri et unitur Apostolis aliis martyribusque tantis : ubi fiunt precibus Martyris miracula plura (1) ».

3° C'est aussi un livre des *Actes des Apôtres* appartenant à la collégiale, et à la fin duquel se détache, en caractères rouges, une passion du bienheureux Ennemond. On relève, dans le texte, écrits en caractères noirs, comme pour attirer l'attention, les mots suivants : « Exemptum ab inde Beati corpusculum, in Basilicâ B. Apostolorum vel xlviii martyrum ante majus altare condiderunt ». Et, un peu au-dessous :« Martyr sepelitur in Basilicâ Petri et unitur Apostolis aliis martyribus (2) ».

---

sérieux, et n'arrive point, par conséquent, à une conclusion rigoureuse. Aussi, le signataire a-t-il la franchise de déclarer qu'il n'accorde pas lui-même à ses arguments une foi extraordinaire : il les a réunis, dit-il, « non ut *pro rationibus* habeantur », mais pour l'édification des curieux — vous et moi — qui plus tard prendront fantaisie de revenir sur cette affaire.

Très-bien conservé et précieux, vu sa date (avril 1251), ce parchemin n'a donc qu'une faible valeur historique. Il appartient aujourd'hui à un prêtre de Lyon.

Voici la traduction de la bulle d'Innocent IV (loc. cit.) : « Puisque le corps du bienheureux archevêque de Lyon et martyr Ennemond repose dans votre église qui fut jadis le premier siége et la cathédrale, désireux de voir honorée votre église, où le culte pour ce saint Martyr attire une foule de malades affligés du mal caduc, nous accordons à ceux qui la visiteront quarante jours d'indulgences ».

(1) Ils saisissent les restes du Martyr ; dans l'immensité de leur douleur, ils les déposent en pleurant dans une barque et les transportent à Lyon. Le peuple et le clergé les reçoivent avec des sanglots et les enferment, pendant le chant des psaumes, dans un sarcophage. Le martyr est enseveli dans la basilique de Saint-Pierre et uni aux autres apôtres et innombrables martyrs : on y obtient, par son intercession, de nombreux miracles.

(2) On enleva de là le corps du bienheureux et on l'inhuma dans la basi-

4° Un vieux martyrologe de saint Irénée porte : « D. Annemundus reponitur in Ecclesiâ sanctorum Apostolorum ».

5° Puis, ce sont des perquisitions faites dans la basilique, de 1308 à 1528, et tendant à prouver la présence du corps du Martyr.

Dès 1307, l'archevêque Louis de Villars entre dans cette voie. Il venait, deux ans auparavant, de transformer l'église en collégiale et d'y établir douze chanoines. Ayant donc besoin de ressources, il demande à son clergé et aux fidèles d'abondantes aumônes pour réparer Saint-Nizier, où « repose le corps du bienheureux Ennemond ».

En 1308, le jeudi dans l'octave de l'Assomption, Hugues, évêque de Tabarie et vicaire capitulaire de Lyon, visite l'église et trouve, sur la pierre d'un sépulcre voisin de l'autel de Saint-Nizier, une inscription dont la brisure de la pierre et sa vétusté rendent la lecture très-difficile. Il parvient cependant à déchiffrer ANNEM..... NOBILIS QUI CLARO..... Il ouvre le sépulcre et y trouve un corps que lui et les assistants tiennent indubitablement pour être celui de saint Ennemond.

En 1309, Clément V écrit au camérier de l'église que, la cause ayant été tranchée déjà par sentence définitive en faveur de Saint-Nizier, il n'y a pas lieu de laisser les Religieuses de Saint-Pierre se livrer à une nouvelle perquisition.

6° En 1486, le 21 juillet, la cause est portée du tribunal

---

lique des bienheureux apôtres ou quarante-huit martyrs, devant le grand-autel. — Le Martyr est enseveli dans la basilique de Saint-Pierre et uni aux autres apôtres martyrs.

(1) Le bienheureux Ennemond est déposé dans l'église des saints Apôtres.

ecclésiastique au tribunal civil, et le commissaire royal, après avoir entendu les témoins, rend la sentence suivante : « Dictum corpus B. Annemundi alibi quàm in dictâ ecclesiâ sancti Nicetii esse non dicatur aut manifestetur (1) ».

7° Enfin, à ces arguments on pourrait ajouter aujourd'hui le témoignage du bréviaire tant lyonnais que romain-lyonnais.

2. *Arguments en faveur de Saint-Pierre.*

1° La lettre de Leidrade à l'empereur Charlemagne : «... Alia quoque domus in honorem sancti Pauli de novo operta est. Monasterium quoque puellarum in honorem sancti Petri dedicatum, *ubi corpus sancti Ennemundi martyris humatum est*, quod ipse sanctus martyr et episcopus instituit, ego a fundamentis, tam ecclesiam quàm domum restauravi, ubi nunc sanctimoniales numero triginta duarum secundum institutionem regularem viventes habitare videntur (2)...»

2° La lettre d'Austérius, évêque de Lyon, au pape Sergius III (910) : «... Rursus, cum in anniversario die sancti Annemundi martyris et episcopi, *corpus illius visitassemus ad sancti Petri moniales*, tenuem quidem, sed quantum potuimus largam, de facultatibus nostris eleemosynam largiti sumus (3) ».

---

(1) Ledit corps du bienheureux Ennemond se trouve dans ladite église de Saint-Nizier : qu'on ne dise point ou publie point le contraire.

(2) On a couvert à nouveau un autre édifice érigé en l'honneur de saint Paul. J'ai aussi repris par le pied un monastère de femmes dédié à saint Pierre, que saint Ennemond, évêque et martyr, avait fondé et dans lequel son corps a été enseveli ; j'ai restauré la maison et l'église, et maintenant, 32 religieuses y vivent selon la règle.

(3) Nous fîmes une visite au corps de saint Ennemond, évêque et martyr,

3° La bulle d'Innocent IV : « Innocentius episcopus, servus servorum Dei, cunctis in Christo fidelibus, Abbatissæ et conventui monasterii S. Petri Monialium Lugdun., salutem et apostolicam benedictionem.

« Licet is de cujus munere venit, ut sibi à fidelibus suis, dignè ac laudabiliter serviatur, de abundantiâ pietatis suæ, quæ merita supplicum excedit et vota, benè servientibus, multo majora retribuat quam valeant promereri, nihilominus tamen desiderantes Deo reddere populum acceptabilem, fideles Christi ad complacendum ei, quasi quibusdam illectivis (?) muneribus, indulgentiis scilicet et remissionibus invitamus, ut exindè reddamur divinæ gratiæ aptiores.

« Cum igitur, sicut nobis exponere curavistis, corpus sancti Annemundi in vestro Monasterio requiescat ac ad ipsum Monasterium ob ipsius Sancti reverentiam, cujus meritis nonnulli à morbo caduco curantur, in ejus festo concurrat fidelium plebs devota : Nos, cupientes ut idem Monasterium congruis honoribus frequentetur, omnibus verè pœnitentibus et confessis, qui Monasterium ipsum in memoriam Sancti ejusdem venerabiliter visitaverint annuatim, Petri et Pauli Apostolorum authoritate confisi, XL dies de injunctâ sibi pœnitentiâ misericorditer relaxamus.

« Datum Perusii, II kal. April., Pontificatûs nostri an. IX (1) ».

---

dans l'église des religieuses de Saint-Pierre, au jour anniversaire de sa fête, et nous déposâmes une aumône ausi abondante que nos ressources nous le permirent, mais cependant assez modeste.

(1) « *Innocent, évêque, serviteur des serviteurs de Dieu, à tous les fidèles,*
 A l'Abbesse et aux Religieuses du monastère de Saint-Pierre de Lyon,
 salut et bénédiction apostolique.

Voici maintenant un fragment de la bulle adressée, en 1493, par Alexandre VI à l'abbé de l'Ile-Barbe. Emu de la querelle faite aux Dames de Saint-Pierre par les chanoines de Saint-Nizier, le pape charge ledit abbé de s'adjoindre le *Præcentor* de l'église primatiale et de faire comparaître les chanoines pour les obliger, par censure, à ne pas inquiéter davantage les Religieuses :

« ... Accepimus querelam dilectarum in Christo filiarum continentem quod, licet corpus sancti Annemundi fuerit, prout adhuc est, in ecclesiâ dicti Monasterii reconditum..., tamen clerici et capitulum ecclesiæ sancti Nicetii lugdunensis se jactârunt aliquandiu, prout adhuc se jactant, quod illud in eorum ecclesiâ reconditum est, in animarum suarum periculum et ipsorum Monasterii Abbatissæ et conventûs non modicum præjudicium et gravamen (1)...»

4° L'usage constamment observé par les Dames de Saint-Pierre, jusqu'au commencement du xvi° siècle, (1520-1530) de sortir (2) aux processions des Rogations et

---

« Puisque d'après l'exposé que vous nous avez fait remettre, le corps de saint Ennemond repose dans votre monastère et que ce corps vénéré qui rend la santé à beaucoup de personnes atteintes du mal caduc, y attire, le jour de sa fête, un nombreux concours de fidèles, Nous, désireux de voir votre monastère entouré d'honneurs, nous accordons, par l'autorité des saints apôtres Pierre et Paul, quarante jours d'indulgences à tous les fidèles qui, vraiment contrits, se confesseront et visiteront avec dévotion, chaque année, la chapelle de votre monastère, le jour de la fête de saint Ennemond ».

(1) Nous avons été informés du conflit survenu entre nos chères filles en Jésus-Christ et le clergé de Saint-Nizier. Bien que le corps de saint Ennemond se trouve, comme il y est encore, inhumé dans l'église dudit monastère, les clercs et chanoines de Saint-Nizier se sont vantés et se flattent encore que les restes du Saint sont dans leur église, tout cela au péril de leurs âmes et au très-sérieux préjudice de l'Abbesse et des Religieuses de Saint-Pierre.

(2) La règle des Dames de Saint-Pierre fut très-sérieusement révisée, dans les premières années du règne de François 1er. C'est à partir de ce retour de l'Abbaye à une discipline plus sévère que les Religieuses ne sortirent plus, ni

autres de l'année, précédées d'une bannière très-antique
sur laquelle étaient représentés saint Ennemond en habits pontificaux, et ses deux sœurs. Les Religieuses se
rendaient ainsi à Saint-Nizier et y portaient une châsse
très-ancienne, renfermant des os et autres reliques de
saint Ennemond, dont le nom d'ailleurs était brodé tout
autour en écriture antique. Elles entraient dans la collégiale, déposaient la châsse sur le grand-autel, et l'y gar-
daient elles-mêmes jusqu'à ce qu'elles eussent terminé
les oraisons et suffrages marqués à l'office pour la sta-
tion ; tout cela au vu et su des chanoines qui ne s'y op-
posaient pas, « scientibus cunctis canonicis et non con-
tradicentibus ».

5° On lit dans tous les martyrologes des églises, col-
légiales et communautés religieuses de Lyon : « Quarto
kalendas octobris, natalis B. Annemundi, episcopi lugdunensis et martyris : *requiescit* autem *hic Martyr* in
eâdem urbe *ad sanctum Petrum* citra Ararim ».

Et Severt ajoute, après cet argument (qui est le XIIIe
dans son rapport) : « Itemque in sex libris antiquissimis,
existentibus tam in hâc civitate lugdunensi quàm in
locis aliis circumvicinis (2), talia verba inferuntur, in

---

en procession, ni autrement : elles devinrent alors chanoinesses régulières.
Cette révision des Constitutions ne se fit point sans peine. L'archevêque François
de Rohan, qui en avait pris l'initiative, trouva la plus violente opposition dans
les Religieuses, qui en appelèrent au Pape. L'autorité de l'archevêque et celle
du Roy (Lettres patentes de François Ier, 6 décemb. 1515) n'y faisant rien, on
transféra les Bénédictines dans d'autres couvents, et l'on fit venir de Bourges
douze religieuses et deux Sœurs converses pour combler les vides.

(1) Le quatre des kalendes d'octobre, naissance du bienheureux Ennemond,
évêque de Lyon et martyr : il repose, dans la même ville, à Saint-Pierre, en
deçà de la Saône.

(2) Par exemple, « Monasteria S. Martini Athanathensis, S. Martini insulæ
Barbaræ, S. Martini de Murenâ, S. Theodori de Chassagniâ,... »

unam sententiam tendentia : Sacrum corpus beati martyris Annemundi in cœnobio puellarum monialium sancti Petri lugdunensis, de feretro exemptum, in Basilicâ dicti S. Petri, ubi ipsas pauperes sanctimoniales idem B. Martyr delegaverat ex sùis alimoniis pasci, cum dignis obsequiis extitit conditum et tumulatum (1) ».

6° Les visites opérées dans la chapelle de l'abbaye témoignent de la présence d'une partie au moins notable du corps de saint Ennemond.

La seconde année du pontificat de Calixte III (1456), le 3 mai, Jean de Bourbon étant administrateur du diocèse de Lyon, une commission est solennellement réunie sous la présidence de Jean d'Amanziac, chanoine de Lyon et vicaire général, à l'effet de s'assurer si les os et autres reliques de saint Ennemond se trouvent à Saint-Pierre, comme l'avaient déclaré les commissaires nommés pour une visite précédente (2). L'abbesse Alexandra de Vaselle, entourée de ses Religieuses, montra, répartis dans différents reliquaires : trois os longs et considérables des jambes et une côte, avec cette inscription en lettres anciennes : « Os de saint Ennemond » ; la tête du Saint, deux os des reins ; et, dans la fameuse châsse que les Dames portaient aux processions, deux os énormes, au bas desquels on lisait sur une étoffe de soie : « Bras de saint Ennemond ». Les Dames désignèrent aussi, comme ayant appartenu au Saint, un rochet, une crosse

---

(1) Dans six livres très-anciens, qui se trouvent soit à Lyon, soit dans les autres lieux circonvoisins, on lit divers passages qui peuvent tous se réduire à ceci : Le saint corps du bienheureux Ennemond, martyr, transporté sur un brancard dans le monastère des Religieuses de Saint-Pierre, qu'il avait nourries de ses aumônes après les y avoir rassemblées, a été enseveli dans ladite basilique de Saint-Pierre avec de grands honneurs.

(2) Voir *Appendice*, n° 5.

et le couteau ou poignard qui servit à son supplice.

On avait encore, au commencement du XVIIe siècle, la charte authentique de cette visite, avec le sceau de l'ordinaire, en cire verte ; J. Severt l'a vue.

A leur tour, les Bollandistes ont reproduit, au tome septième de septembre, le texte du procès-verbal, tel que le leur a transmis Papebroch, qui se trouvait à Lyon en juin 1662 : il confirme la déposition de Severt.

7° Je pourrais enfin citer les nombreux miracles qui s'accomplirent à Saint-Pierre ; mais je ne le ferai point, car, outre qu'on peut en lire l'exposé dans les leçons de l'office propre qui se récitait à l'abbaye (1), les cinquième, sixième et septième jours de l'octave, je n'ai rien dit des miracles qui éclatèrent aussi à Saint-Nizier. Ces faits merveilleux prouvent du reste simplement la foi trèsvive qu'on avait dans le crédit du Martyr ; ils ne décident point de la présence du corps dans un endroit plutôt que dans un autre ; ils démontrent tout au plus — ce dont tout le monde est d'accord — que l'une et l'autre église possédaient des reliques de saint Ennemond.

3. *Discussion des Arguments.*

1° Pour qui ignore, que les bulles sont assez souvent, au moyen âge, la reproduction des suppliques (2) adressées au Chef de la chrétienté, il doit paraître assez bizarre qu'à un an de distance (1250-1251), Innocent IV ait suc-

---

(1) Voir *Appendice*, n° 5.

(2) Cela paraît singulièrement dans la Bulle, déjà citée, d'Alexandre VI à l'abbé de l'Ile-Barbe : « Accepimus *querelam* dilectarum in Christo filiarum *continentem* quòd, licet corpus S. Annemundi fuerit, prout adhuc est, in ecclesiâ dicti Monasterii reconditum... »

cessivement donné raison aux Dames de Saint-Pierre et aux chanoines de Saint-Nizier, et leur ait adjugé à tour de rôle la possession du corps de saint Ennemond.

Mais, outre que le témoignage de ces bulles n'est pas, pour la raison que je viens de dire, absolument péremptoire, il faut remarquer que l'un des deux textes est très-probablement apocryphe.

Les Religieuses en effet ont possédé et montré l'original de la bulle d'Innocent IV ; cet *autographe* était précieusement gardé dans les archives de l'abbaye (1). Jamais au contraire les chanoines de la collégiale n'ont pu présenter le texte de la bulle dont ils cherchèrent à se prévaloir : ils n'en ont eu qu'une prétendue copie faite par l'official Barthélemy de Jo. — J'incline donc à penser que la bulle d'Innocent IV, si tant est qu'elle prouve quelque chose, dépose en faveur de Saint-Pierre.

Du reste, comme je l'ai fait remarquer, l'abbaye ne possède pas, pour la défense de sa cause, une bulle unique. Dans sa lettre à l'abbé de l'Ile-Barbe sur la question en litige, Alexandre VI déclare qu'il est notoire et hors de discussion que le corps du Saint se trouve dans le couvent (2). Et il s'oppose à ce que les chanoines de Saint-Nizier affirment des prétentions également nuisibles au bien des âmes et à la prospérité du monastère.

Forte de cette déclaration, l'abbesse de Saint-Pierre,

---

(1) Il existe aux Archives du Rhône, fonds de l'Abbaye de Saint-Pierre, un parchemin du XVe siècle dans lequel deux agents d'affaires, « notarii publici », Joffrey, J. Davay, déclarent avoir vu au monastère le texte de la Bulle adressée aux Religieuses par Innocent IV. — J. Severt, qui l'a vu à son tour, écrit : « Eam bullam, pro monialibus confectam, nos ipsi *in autographo perlegimus*, quasi tutiorem sinceriusque veritati innixam ».

(2) « ...Notorium esse, nec ullá tergiversatione negari posse quin idem corpus (S. Annemundi) in Monasterium recludatur .. »

Guillemette III d'Albon (1) fit rendre, en 1503, un arrêt
du conseil d'Etat, portant défense au chapitre de Saint-
Nizier de rien innover touchant le corps de saint Ennemond, avec toute maintenue de droit en faveur du monastère.

2° Les chanoines de Saint-Nizier s'appuient ensuite
sur un répons de leur office à Matines, et sur une passion de saint Ennemond qui termine un manuscrit des
Actes des Apôtres, appartenant à leur collégiale.

Il faudrait avoir entre les mains les offices des *deux* églises, tels qu'ils existaient au commencement du xiv° siècle, pour avoir quelque chance de porter une sentence
équitable. Severt assure que l'office dont on se servait à
Saint-Nizier pour la fête de Saint-Ennemond n'a jamais
été que manuscrit : on devait même le réciter seulement
à voix basse, de par décision de l'ordinaire. Par contre,
celui de l'abbaye était imprimé ; on le chantait solennellement, et il a paru au savant Jésuite à la fois « plus dé-
taillé et plus exact ».

Quant au manuscrit des Actes des Apôtres, je ne vois
pas clairement quel crédit il mérite, alors que, apporté
en témoignage par les chanoines dans la suite de l'enquête de 1309, il ne put mener à aucune conclusion.

3° Si l'on cite, à Saint-Nizier, *un* vieux martyrologe de
saint Irénée (2) en faveur de la collégiale, nous savons

---

(1) Guillemette d'Albon, fille de Gillet d'Ablon, seigneur de Saint-André et
d'Ouches, et de Jeanne de Palisse, fut la cinquante-septième abbesse de Saint-
Pierre-les-Nonains. Elle avait toute l'énergie et la décision des seigneurs de sa
race ; et il ne fallut rien moins que cette femme de caractère pour terminer les
débats qui menaçaient de s'éterniser entre la collégiale et l'abbaye.

(2) Je ne sais ce qu'est devenu cet *unique* martyrologe : les Bollandistes
s'appuient sur *les* martyrologes de *saint Irénée* pour dire que saint Ennemond
a été enseveli à Saint-Pierre. *Le* martyrologe en question emploie, du reste,

avec quel ensemble *tous* les autres martyrologes des églises et communautés de Lyon donnent droit à l'abbaye.

Sur ce point encore, Saint-Pierre a donc le haut bout.

4° Quant aux perquisitions opérées à Saint-Nizier, il faut avouer qu'elles sont loin d'aboutir à une démonstration péremptoire. On peut assurer même que leur force intrinsèque diminue d'autant, à mesure qu'on leur oppose le résultat des perquisitions analogues entreprises à Saint-Pierre. Ainsi la preuve matérielle qui semblait devoir faire avancer beaucoup la solution de cette litigieuse affaire, n'eut qu'un médiocre poids dans la balance. La découverte de l'inscription *Annem... nobilis qui claro* ne fut aucunement décisive, et Severt va jusqu'à dire que ce texte mutilé prêtait à l'équivoque et paraissait désigner un laïque, le gouverneur Delphin qui, de l'aveu de tout le monde, avait été enseveli à Saint-Nizier. (M. E. Le Blant pense, comme Severt, dans son beau livre *Inscriptions chrétiennes de la Gaule antérieures au* viiie *siècle*, Paris, 1856, t. I, p. 48, 49.)

Clément V, il est vrai, écrit, en 1309, que « la question est *tranchée* en faveur de Saint-Nizier ». Mais sa lettre n'est pas basée sur un examen des faits, soit personnel, soit accompli par quelques délégués pontificaux; c'est une simple réponse à une supplique des chanoines, dont elle reproduit la teneur, c'est-à-dire les revendications.

En fait, la question était si peu *tranchée*, et la bonté de la cause des chanoines si peu certaine, que ceux-ci, ayant appris l'intention des Religieuses de faire opérer une perquisition dans leur basilique, leur dépêchèrent,

---

qu'on veuille bien le remarquer, un mot à double sens : là, où les autres martyrologes portent *quiescit, sepelitur, humatum est,* il met *reponitur.*

le samedi après la Pentecôte de la même année, le procureur du chapitre, Jacques de Faylus, qui déclara que le clergé de la collégiale s'opposerait à ce qu'elles recherchassent « si le corps et les os ou reliques du très-glorieux Martyr reposaient dans l'église de Saint-Nizier ».

Il faut bien, du reste, que les chanoines n'aient pu fournir alors des preuves sans réplique, puisque, en 1321, Pierre, archevêque et comte de Lyon, ne juge pas utile d'insérer plus longtemps, dans un texte d'indulgences accordées à saint Nizier, le nom de saint Ennemond qu'avaient fait figurer, dans des titres semblables, ses prédécesseurs immédiats. Le texte porte seulement : « ... In quâ ecclesiâ S. Nicetii multorum sanctorum corpora requiescunt... »; et non plus, comme jadis : « ... Inter alia, corpus B. Annemundi in dictâ ecclesia S. Nicetii requiescit (1) ».

Si l'on m'objecte enfin la décision du tribunal civil, en 1486, je répondrai — en m'appuyant ici encore sur Severt qui était plus que nous rapproché des faits, et, partant, en mesure de les connaître tous, de les contrôler et de les apprécier — que « dans les dépositions faites en faveur de Saint-Nizier devant les officiers royaux, il ne se trouve rien de précis et de net sur la présence du corps de saint Ennemond à Saint-Nizier ».

D'ailleurs, le 27 octobre de l'année suivante (1487), le cardinal de Bourbon étant venu, sur l'invitation des chanoines, entendre la messe à Saint-Nizier le jour de saint Ennemond, et les Dames de Saint-Pierre s'étant préoccupées d'une visite qui, extérieurement, semblait donner

____

(1) « Dans cette église de Saint-Nizier reposent les corps de beaucoup de martyrs », et non plus, comme jadis : « Parmi ces corps repose celui du bienheureux Ennemond ».

quelque droit aux prétentions de la collégiale, il fut répondu à l'abbesse Guicharde : « Diximus et declaravimus, dicimus et declaramus quod per quemcumque introitum in dictam ecclesiam S. Nicetii factam, nunquam voluimus approbare nec reprobare, prout nec approbamus nec reprobamus quod corpus ejusdem gloriosissimi Annemundi... fuerit aut sit in ecclesiâ S. Nicetii inhumatum, seu in ea quiescat... Non intendimus nunc vel in futurum generare præjudicium eisdem (Monialibus) supplicantibus (1) ».

5° Saint-Nizier enfin chercherait-il aujourd'hui un témoignage dans les leçons que nous lisons au bréviaire, le 28 septembre ?...

Le mot *légende* indique assez le cas qu'il faut faire fréquemment, au moins pour ces temps reculés, de ce qui se trouve consigné au second Nocturne de l'office. On a réuni là, sous une forme ordinairement sans prétention, ce que la tradition pieuse, à défaut de l'histoire (laquelle se tait trop souvent), a gardé du souvenir de chaque saint, de ses actions et de ses vertus. On n'y établit point une discussion des témoignages ; ce n'est pas un morceau de haute critique à l'adresse des savants : c'est, maintes fois, un *édifiant récit,* et rien de plus (2).

Si donc le bréviaire parle de la présence du corps de saint Ennemond à Saint-Nizier, c'est qu'en effet une opinion de ce genre a eu cours pendant plusieurs siècles :

---

(1) Nous avons dit et déclaré ; nous disons et déclarons qu'en entrant, de n'importe quelle manière, dans l'église de Saint-Nizier, nous n'avons jamais prétendu connaître ou nier — ce que nous persistons à faire — que le corps du très-glorieux Ennemond ait été ou se trouve inhumé dans Saint-Nizier, ou y repose. Nous ne voulons, ni maintenant, ni plus tard, causer le moindre préjudice aux Religieuses qui nous ont présenté leur supplique.

(2) Voir *Appendice,* n° 10.

cette opinion, pour être plus discutable encore peut-
être que discutée, pouvait néanmoins être choisie pour
le bréviaire tout aussi bien que l'autre. C'était affaire au
rédacteur de l'office de se déterminer en un sens plutôt
qu'en un autre : la science ne se trouvant pas en jeu, le
choix devenait une question de goût personnel.

6° Il reste donc, on le voit, bien peu de chose des arguments qu'on pourrait invoquer en faveur de St-Nizier.

Je ne veux point inférer de là que la cause de Saint-
Pierre est définitivement gagnée; mais il me semble
qu'on ne saurait refuser aux preuves dont elle est étayée
une certaine valeur.

En effet, Saint-Pierre s'appuie d'abord sur la tradition,
et la tradition fait totalement défaut à Saint-Nizier. Or,
la tradition, qui commence en quelque sorte à la mort
du Saint, se continue par Leidrade au IXe siècle, par
Austérius au Xe et par Jean, évêque de Belley, au XIIIe,
et se maintient sévère et uniforme jusqu'au jour où le
clergé de l'église des Saints-Apôtres affiche des prétentions encore inconnues.

N'est-il pas aussi très-vraisemblable de penser que
l'évêque, après avoir relevé et comme bâti à nouveau
un monastère dans la chapelle duquel son père et sa
mère sont ensevelis, où il vient de fonder un service
annuel pour le repos de leur âme, où ses deux sœurs
reposeront un jour, n'est-il pas vraisemblable, dis-je, de
supposer que saint Ennemond a, de son vivant, désigné
le monastère comme le lieu de son repos et que les Religieuses ont dû, après son martyre, et à défaut même
d'un désir antérieurement manifesté, tout mettre en
œuvre pour avoir dans leur abbaye les restes vénérés
d'un père ?

En outre, le texte original de l'enquête de 1308-1309, qu'on peut lire sur un parchemin conservé aux Archives du Rhône, énumérant les donations faites au monastère tant par des particuliers que par saint Ennemond, ne manque jamais d'ajouter « Ubi Annemundus requiescit » aux mots « Ecclesia dedicata in honore B. Petri Apostoli ».

Le même texte rapporte une singulière prescription consignée dans un ancien livre de litanies : « Aux processions », dit-il, « lorsqu'on arrivera à Saint-Pierre, on invoquera d'*abord* saint Ennemond, *puis* saint Pierre. Et lorsqu'on arrivera à l'église des Saints-Apôtres, on invoquera d'*abord* saint Pierre, *puis* les Apôtres ».

Il me semble donc que J. Severt, dont on me permettra d'invoquer une dernière fois le témoignage, a sagement agi en terminant la discussion par ces mots : « Conclusio aptior fortiorque censetur trahenda in Virginum gratiam (1) ».

Aussi bien, la question des reliques, entendue comme elle l'était alors, n'offre plus aujourd'hui qu'un intérêt purement rétrospectif. Jusqu'au milieu du xvi⁰ siècle, on pouvait dire encore aux chanoines : « Puisque la possession du corps de Delphin ne vous est contestée par personne, et qu'on l'invoque chez vous comme Martyr (2), attachez-vous à reporter sur lui tous vos honneurs, et laissez aux Religieuses de l'abbaye le soin du culte d'Ennemond son frère, dont elles possèdent

---

(1) Il semble que la conclusion en faveur des Religieuses est mieux prouvée et plus recommandable.

(2) On estimait, au moyen âge, que le préfet de Lyon, Delphin, était mort *martyr*, parce que, disait-on, il avait succombé pour le Christ et la défense de la foi, plus encore que pour une cause civile.

la majeure partie des reliques (1) ». Mais, depuis le passage des calvinistes à Lyon (1562) (2), le débat est clos irrévocablement, sauf pour quelques reliques, d'ailleurs assez peu considérables, que des mains pieuses ont dérobées à la rage des destructeurs ; il est sûr que les ossements n'existent plus, ou que, s'il s'en trouve encore, il est impossible de les reconnaître.

§ III. — Du culte à Lyon.

Les interminables procès des chanoines de Saint-Nizier et des Dames de Saint-Pierre au sujet du corps de saint Ennemond auront eu du moins cela d'avantageux qu'ils ont exprimé en traits ineffaçables la foi des Lyonnais dans le crédit du saint Martyr et le prix qu'on attacha toujours à la possession de ses reliques.

La raison en est simple.

---

(1) Il est incontestable que les chanoines de Saint-Nizier possédaient quelques reliques de saint Ennemond. De qui les tenaient-ils ? Assez probablement des Religieuses elles-mêmes. Ce n'est pas seulement l'avis du P. de Colonia, d'après un titre ancien qu'il cite à la fin du premier volume de son *Histoire de la Ville de Lyon ;* c'est encore l'opinion du P. Théophile Raynaud et de bon nombre d'autres érudits.

(2) Dans la nuit du 30 avril au 1er mai, où ils s'emparèrent de la ville. Je lis, à ce propos, à la page 80 du tome 1er de *Lyon ancien et moderne :* « En 1362, les calvinistes ayant à leur tête le baron des Adrets saccagèrent « l'abbaye de Saint-Pierre et l'église paroissiale de Saint-Saturnin. Les reliques « furent jetées et dispersées. Le seul chef de saint Ennemond fut emporté à « Genève où, dit une pieuse légende, on essaya vainement de l'enfermer dans « les lieux les plus sûrs. Il en sortait toujours. On le maçonna dans une mu- « raille en l'assujettissant à grands coups de marteau ; mais il en sortit encore « en versant des larmes de sang. Une Sœur laie qui était restée à Lyon, en « feignant d'aller cueillir des simples dans les jardins de l'abbaye, ramassa « les autres reliques éparses, les emporta dans une serviette et les rendit plus « tard au monastère qui, de fait, fut rebâti sur la place des Terreaux et érigé « en abbaye royale noble de Bénédictines ».

A l'heure même où l'on promenait dans Lyon son corps mutilé, un malade avait recouvré la santé, en se jetant sous le brancard ou lit de parade qui portait le saint Evêque.

Et, depuis, des guérisons nombreuses d'enfants atteints ou menacés du mal caduc et d'aveugles tenus pour incurables avaient contribué à rendre sa mémoire populaire dans la ville et les alentours.

Aussi, la voix du peuple, *Vox populi*, c'est-à-dire la voix des fidèles et des évêques, lui décerna-t-elle à l'envi, avec le nom de Martyr, le titre de Saint.

A l'appareil vraiment admirable des institutions par lesquelles l'Eglise se prononce aujourd'hui sur la sainteté des serviteurs de Dieu, ce même grand Dieu suppléait, en ces temps de foi, par des manifestations irrécusables de son intervention.

Le miracle évident arrachait à la foule des acclamations enthousiastes, comme il a été accordé à notre dixneuvième siècle d'en entendre, et les évêques, devant les miracles et la réputation d'une insigne sainteté, donnaient, pour forme solennelle, à la canonisation du Saint l'élévation de ses reliques.

Sans doute, il a manqué à saint Ennemond, comme à bien d'autres, à sainte Clotilde, à saint Léger, à saint Agobard, cette ovation suprême et incomparablement imposante que les Saints reçoivent de nos jours dans la Ville éternelle, quand le Souverain Pontife annonce à Rome et au monde la gloire dorénavant indiscutable d'un nouveau serviteur. Le Saint est alors dans l'univers entier l'objet d'une fête magnifique, et rien n'est beau comme ces hommages qui exaltent soudain et accompagneront toujours la mémoire d'une créature qui s'était volontairement oubliée elle - même et spontanément abaissée.

Mais, si notre Saint n'a pas obtenu cet excès d'honneur, il n'en jouit pas moins d'un culte parfaitement authentique.

Décerné à saint Ennemond depuis plus de douze siècles, encouragé publiquement par les évêques, reconnu par les Papes qui s'y associèrent, ce culte a reçu, en trouvant place dans la nouvelle liturgie romano-lyonnaise, la plus désirable de toutes les consécrations : il a désormais pour garant l'autorité infaillible de l'Eglise.

Le seul désir qu'on pourrait manifester encore serait de voir le nom d'Ennemond inscrit au Martyrologe romain. C'est un vœu d'ailleurs que bien des siècles ont entendu sans qu'il y ait, jusqu'à présent, été fait droit. Les Religieuses de Saint-Pierre demandèrent cela, au xvᵉ siècle ; Severt émit le même souhait à la fin de l'article qu'il consacra au saint Evêque dans son intéressante *Chronique* ; et maintes fois, en ces derniers temps, j'ai été heureux de l'entendre moi-même formuler.

Ces aspirations doivent-elles avoir le sort de tant d'autres et ne trouver jamais leur satisfaction légitime ?...

Sans rien préjuger, il est permis de croire que le jour où l'on donnera à Rome une édition nouvelle du Martyrologe dans laquelle figureront tous les saints dont le culte est d'une légitimité incontestable, bien que d'une célébration plus ou moins restreinte et locale, saint Ennemond y aura sa place marquée.

En attendant que cette faveur procure à notre Saint comme un renouveau de gloire (1), remontons le cours

---

(1) Un des enfants de notre Diocèse et l'une de ses gloires, Son Eminence

des siècles et cherchons à rappeler comment, à Lyon même, premier et glorieux théâtre de ses bienfaits, on sut honorer son souvenir.

§ **IV. — Vénération des reliques.**

Célébrée à Saint-Pierre de temps immémorial, la fête de saint Ennemond fut étendue à tout le diocèse, en 1393, par l'archevêque Philippe de Thurey.

On trouvera plus loin (*Appendice,* n° 9) l'histoire de l'office de saint Ennemond dans nos missels et bréviaires.

Parlons d'abord du culte du saint Martyr dans sa ville archiépiscopale.

1. — CULTE DE SAINT ENNEMOND A SAINT-PIERRE.

A Saint-Pierre, où les Religieuses suivaient la règle de Saint-Benoît dont Leidrade leur avait donné les constitutions au ixe siècle, la cédule de profession était ainsi conçue :

« Je promets à Dieu stabilité, conversion de mes « mœurs, obéissance, pauvreté et chasteté selon la règle « de notre Père saint Benoît, et l'observance de ce royal « monastère de saint Pierre et de saint Ennemond dont « les sacrées reliques reposent sur cet autel, sous l'auto- « rité d'Illustrissime....»

Mgr le cardinal Donnet publiait, le 21 octobre dernier, un Mandement pour le rétablissement, dans le Diocèse de Bordeaux, du culte de saint Abbon, martyr. Surnommé le « Cicéron chrétien » à cause de son grand savoir, saint Abbon n'appartient pas au *diocèse* de Bordeaux par sa naissance, mais par son *martyre* : il florissait au xie siècle.

On possédait de temps immémorial, au monastère, un office et peut-être aussi une messe propres pour la fête de saint Ennemond, laquelle se célébrait sous le rit double de première classe, avec octave.

Les leçons de cet office, disposé en bénédictin (1), avaient été empruntées soit à l'auteur anonyme déjà cité tant de fois (1ᵉʳ, 2ᵉ, 3ᵉ et 4ᵉ jour de l'octave), soit à la relation un peu bien merveilleuse (5ᵉ, 6ᵉ et 7ᵉ jours) dont les Bollandistes ont cru devoir dire : « Continuata est congeries prodigiorum, talium quidem quæ, si vere contigissent, primus auctor, sive secundo antiquior fuerit, sive recentior, nec ignorasset, nec prætermisisset (2) ».

Les jours qui suivaient immédiatement le 28 septembre se trouvant pris par des offices d'un rit supérieur, l'octave de saint Ennemond ne commençait que le 19 octobre.

On trouvera dans l'*Appendice* (nº 5) cet office complet (3). Tout cela est transcrit d'un propre de l'abbaye royale de Saint-Pierre, réimprimé à Lyon en 1768 (4).

---

(1) C'est-à-dire avec *quatre* leçons à chaque Nocturne. Il a encore ce trait de particulier que Madame l'Abbesse lit en entier, après le *Te Deum*, l'évangile dont le texte a servi de thème à l'homélie.

(2) C'est un tel tissu de prodiges que, s'ils étaient authentiques, le premier auteur, — qu'il soit antérieur ou postérieur au second — les aurait nécessairement connus ou rapportés.

(3) A côté de l'*office propre* qui se disait au monastère, tout porte à présumer qu'il y avait aussi, dans le Missel, une *messe propre*. J'ai fouillé inutilement, à plusieurs reprises, dans toutes les bibliothèques de Lyon (Lycée, Palais-des-Arts, rue Sainte-Hélène, Archevêché, etc.) pour découvrir un exemplaire de ce *Propre* du Missel bénédictin dont on se servait à Saint-Pierre. J'ai fait, tout aussi inutilement, la même demande à Mesdames les Abbesses de Pradines et de la Rochette : nulle part, on n'a conservé de missel antérieur à la Révolution.

C'est en poursuivant mes recherches dans ce sens, que j'ai eu la bonne fortune de trouver des *Litanies* inédites qui se récitaient autrefois à l'abbaye en l'honneur de saint Ennemond, pendant l'octave de sa fête et aux jours d'épreuve. Je les transcris à la suite de l'*office propre* (Appendice, nº 5).

(4) Au xvııᵉ siècle, l'Ordre de Saint-Benoît comptait à Lyon trois abbayes

J'emprunte au même volume le texte de l'office d'une autre fête qui se faisait au monastère en l'honneur de notre Saint, le 23 août de chaque année (rit double). On l'appelait la *Fête de la Révélation de saint Ennemond*, en mémoire de l'*apparition* du Saint à un Teuton, aveugle de naissance, qui, sur l'invitation du Martyr, avait quitté sa patrie pour venir chercher la guérison près de son glorieux tombeau.

Jusqu'en 93, ces diverses solennités se célébraient avec un pieux empressement (1).

Depuis, hélas ! le culte de saint Ennemond ne vit plus que par le souvenir dans les rameaux détachés du tronc de l'antique abbaye.

Mais j'ai hâte d'ajouter que ce souvenir est vivace, et en voici les preuves :

Quand, après mille traverses, Madame de Bavoz, une des anciennes Religieuses de Saint-Pierre, eut été autorisée (décembre 1813) à rétablir dans son entier à Pradines la règle de Saint-Benoît, elle trouva une douce consolation à faire revivre, dans l'abbaye nouvelle, l'esprit et les usages de l'ancienne : Pradines lui semblait n'être que la continuation de Saint-Pierre (2).

---

royales : celle de Saint-Pierre qui, en 1656, avait cinquante-huit religieuses ; celle de la Déserte, qui en avait cinquante-sept, et celle de Chazaux (aujourd'hui notre Dépôt de mendicité) qui en avait vingt-huit. Celle-ci n'avait point suivi toujours les Constitutions bénédictines. Etabli, vers 1332, en Forez, sous le vocable du Mystère de l'Annonciation, elle avait professé d'abord la règle de Sainte-Claire mitigée par Urbain VI. Mais, transférée à Lyon en 1623, elle reçut de l'abbaye de Saint-Pierre, en même temps qu'une abbesse, Gilberte Françoise d'Amanzé de Chauffailles, la règle de Saint-Benoît en vigueur dans ladite abbaye.

(1) Voir l'*Appendice*, n° 6.

(2) Ce fut en 1795 que Madame de Bavoz et quelques-unes de ses anciennes compagnes se réunirent à Sainte-Agathe, village du Roannais, pour vivre en communauté et s'occuper de l'instruction des petits enfants. Quelques Reli-

Aussi conserva-t-elle la dévotion traditionnelle à saint Ennemond et donna-t-elle avec bonheur son nom à une des premières novices.

Toutefois, jamais l'office du Saint, cet office qu'on récitait autrefois à Lyon avec tant d'amour, ne fut psalmodié dans le nouveau monastère. Aujourd'hui encore, malgré toute la vénération dont le saint Martyr est l'objet, sa fête passe inaperçue, le 28 septembre, et, seule, une petite relique parle encore extérieurement de lui.

Mais tandis que Madame de Bavoz rétablissait à Pradines les Constitutions de Saint-Benoît, une autre religieuse de Saint-Pierre, Madame de Montjulin, s'essayait (1824), aux portes mêmes de Lyon, à faire une restauration identique ; et, c'est là, sur la colline de la Rochette, que saint Ennemond devait retrouver enfin les honneurs dont on l'avait jadis entouré.

Car, en se réunissant à six autres Religieuses bénédictines dans l'antique manoir qui, avant le xvii° siècle, avait servi d'infirmerie aux moines de l'Ile-Barbe, Madame de Montjulin se promit de doter sa communauté (1)

gieuses, appartenant à divers Ordres dispersés, s'adjoignirent à elles. Affiliées, comme Sœurs enseignantes, à la congrégation des Dames Saint-Charles, elles vinrent, en 1804, se fixer au château de Pradines, et c'est là que, après dix années de démarches et de supplications, elles furent autorisées à reprendre leur règle. Rome approuva solennellement dans la suite (12 mars 1830) leurs Constitutions. — Après avoir aidé largement à la fondation du monastère de la Rochette, l'abbaye de Pradines pourvut encore, en 1834, à la restauration de la royale abbaye de Notre-Dame de Jouarre, au diocèse de Meaux ; et, depuis, trois autres colonies, sorties de Pradines, sont allées porter les Constitutions, l'une, en 1839, à Saint-Jean d'Angély, au diocèse de la Rochelle; l'autre, en 1853, à Chantelle, au diocèse de Moulins ; l'autre enfin, en 1862, dans l'ile de Corse.

(1) Ces Dames commençaient toutes à être d'un âge respectable. Aussi, en 1831, Madame de Bavoz envoya-t-elle de Pradines à la Rochette dix jeunes Bénédictines pour soutenir la communauté naissante. Elle est aujourd'hui très-prospère et ne compte pas moins de cinquante-huit Religieuses de chœur et de

d'un des plus précieux souvenirs de la maison sainte où elle avait émis ses vœux et passé sa jeunesse.

Elle avait, en effet, au moment de la Terreur, pu emporter de Saint-Pierre la châsse de saint Ennemond.

Embarrassée toutefois pour la soustraire aux perquisitions journalières dont on était l'objet quand on s'appelait d'un nom aristocratique, elle s'était résolue à confier son trésor à un vertueux boulanger qui le cacha très-soigneusement pendant l'orage. Puis, le calme revenu, elle voulut déposer le reliquaire plus honorablement et le remit, dans ce but, vers 1814, aux dignes prêtres qui desservaient alors la paroisse de Saint-Nizier. C'est là que plusieurs des Religieuses actuelles de la Rochette se souviennent de l'avoir vu honoré dans la crypte, le jour de la fête du Saint.

Mais, quelques mois, après la fondation du nouveau monastère, Madame de Montjulin étant tombée dangereusement malade, ce lui fut une peine excessive de ne pouvoir mettre ses Sœurs en possession du seul, mais bien précieux avantage qu'il lui appartenait de leur laisser.

Elle fit donc instance à M. l'abbé Marchant, aumônier, pour qu'il réclamât le reliquaire déposé à Saint-Nizier.

Le clergé de cette paroisse opposa, comme on devait s'y attendre, des fins de non-recevoir. Il lui en coûtait de se dessaisir d'un trésor qu'il espérait devoir devenir un jour la propriété de l'église.

---

trente-quatre Sœurs. Elle a fait déjà deux fondations : l'une, avant la guerre de 1870, au monastère d'Ardouane, dans le diocèse de Montpellier ; l'autre, tout dernièrement (octobre 1876), à Chasselay, dans le diocèse de Lyon. Il n'y a plus à la Rochette qu'un témoin de la fondation de 1824 : c'est la Mère Sainte-Colombe.

Mais Madame de Montjulin persista ; l'aumônier réitéra ses visites de sollicitation au nom de la Religieuse, et M. l'abbé Wurtz, premier vicaire, finit par se rendre : « Ces Dames sont dans leur droit, dit-il ; nous ne pouvons leur refuser ce reliquaire qui n'a été que *déposé* chez nous ».

Madame de Montjulin fut ravie de cette nouvelle ; et quand elle aperçut la châsse de Saint-Ennemond : « Je meurs contente, s'écria-t-elle avec larmes, puisque j'ai la joie de laisser à ma communauté ce saint Protecteur ».

Dès 1824, la Rochette avait donc les plus considérables reliques de saint Ennemond. Quelque chose cependant manquait au bonheur dès religieuses. Elles désiraient l'*authentique*, qui s'était égaré, et dont l'absence les empêchait d'exposer la châsse dans leur église.

Après des démarches nombreuses, mais demeurées toujours sans résultat, leur vœu vient enfin d'obtenir pleine satisfaction. Cette année même (1876), quand toutes les formalités d'usage ont été remplies, M. Gouthe-Soulard, vicaire capitulaire de Lyon, a mis le sceau sur les reliques, et la châsse a pu être solennellement exposée, dans la chapelle, à la vénération publique.

C'est devant cette châsse, richement réparée et désormais entourée d'honneurs, que notre bien-aimé archevêque, dans une visite récente aux Religieuses (septembre 1876), s'agenouillait avec une touchante piété et les marques d'une toute particulière dévotion pour le grand Saint qui fut l'un de ses prédécesseurs.

Le 28 septembre on a fait, au monastère, *mémoire* solennelle de saint Ennemond : c'est tout ce qu'autorise encore la présente disposition du calendrier bénédictin. Mais les Religieuses vont incessamment postuler à Rome pour obtenir la permission de reprendre le vieil et magnifique office par lequel on exaltait autrefois à Saint-Pierre le nom du Martyr (1).

Du reste, le bon Saint n'a point attendu ces manifestations pieuses pour montrer la tendre affection qui l'unit à ses filles.

En 1838, le monastère était grandement affligé par la maladie, dangereuse autant que pénible, dont souffrait une jeune religieuse bien chère à ses compagnes. On recourt à saint Ennemond. La châsse, encore sans authentique, est placée néanmoins dans la chambre de la malade, et l'on commence une neuvaine fervente avec promesse, si elle recouvre la santé, de donner le nom du Saint à la première novice que l'on recevra.

Neuf jours après, tout danger avait disparu et non-seulement la malade put se remettre bientôt aux exercices de la maison, mais elle vécut, malgré une santé fort délicate, plus de trente années encore.

Aussi, fidèles à leur engagement, les Religieuses ont-elles donné à une novice le nom de Sœur Saint-Ennemond : celle-ci est un souvenir vivant de la bonté du saint Évêque pour le monastère, et un témoin de la filiale reconnaissance de ses compagnes.

---

(1) Je n'ai pu réussir à me procurer un propre des offices qui se récitaient, avant la Révolution, dans l'abbaye de la Déserte. Mais j'ai eu entre les mains les offices propres de l'abbaye royale de Chazaux (in-8°, imprimé en 1758 chez Aimé Delaroche, Lyon), et j'y ai trouvé, au 28 septembre, un texte qui a beaucoup d'analogies avec celui de l'abbaye de Saint-Pierre. Ainsi, toutes les leçons des Nocturnes sont identiques : mais, tandis que Chazaux n'a de propres que les antiennes du *Benedictus* et du *Magnificat* (1re et 2e Vêpres), et prend tout le reste au Commun d'un Martyr, on avait au Propre à Saint-Pierre, toutes les antiennes des Vêpres et de Laudes, l'Invitatoire, et tous les versets et répons des Nocturnes. Chazaux ne faisait pas non plus l'octave, ni la fête de la *Révélation* (23 août).

Voir dans l'*Appendice*, n° 7, la notation de l'antienne par laquelle on a fait, cette année, mémoire de saint Ennemond, à Vêpres, au monastère de la Rochette.

2° — CULTE DE SAINT ENNEMOND A SAINT-NIZIER.

Il y a moins à dire sur Saint-Nizier.

Combien de temps les chanoines de la collégiale récitèrent-ils cet office de saint Ennemond dont ils se prévalaient au XIVe siècle, dans leur débat avec les Dames de Saint-Pierre (1)? On ne saurait le fixer même approximativement. Cet office était manuscrit, et rien n'en est resté ou du moins ne s'en retrouve.

Il paraît incontestable cependant que le nom de saint Ennemond fut toujours à Saint-Nizier l'objet d'un certain culte, puisque toujours on y fit vénérer sa relique.

D'après une *Notice,* publiée il y a onze ans (2) dans une feuille religieuse, sur les reliques des Saints de l'Eglise de Lyon, l'on possédait à Saint-Nizier, avant 1562, deux doigts et autres *débris* du corps de saint Ennemond (3),

Dans quelle mesure ces restes précieux échappèrent-ils aux ravages qui marquèrent le milieu du XVIe siècle et la fin du XVIIIe? Personne ne pourrait le dire.

Mais, ce qui est sûr, c'est que M. l'abbé Wurtz, en rendant (1824) à Madame de Montjulin, la châsse de saint Ennemond, garda quelques-uns des ossements qu'elle renfermait.

On les peut voir dans un reliquaire de l'église de Saint-Nizier, le 28 septembre. Ce jour-là, on ouvre aux fidèles

---

(1) Le VIIIe répons de Matines disait, on se le rappelle : « Clerus et populus plangendo suscipicutes (corpus) sarcophago condunt psallentes ; Martyr sepelitur *in basilica Petri* et unitur Apostolis aliis martyribusque tantis : ubi fiunt precibus Martyris miracula plura ».

(2) *Echo de Fourvières,* 4 nov. 1865.

(3) S'il faut en croire la même *Notice,* l'église Saint-Georges possédait aussi, en ce temps-là, quelque parcelle du corps de saint Ennemond.

l'entrée de la crypte ; le reliquaire y est exposé à la vénération publique, et, sur l'autel qui se trouve près de la porte et qu'on nomme *autel de Saint-Ennemond*, plusieurs prêtres descendent célébrer le saint sacrifice.

Est-ce à cet usage annuel, ou à la présence transitoire de la châsse de saint Ennemond dans l'église, de 1814 à 1824, qu'il faut attribuer ce dicton populaire : « Le corps de saint Ennemond est dans l'église souterraine de Saint-Nizier ? »

Je ne sais, mais cela se répète à satiété et bien des gens y croient de toute leur âme.

Les recherches que j'avais entreprises me convainquirent bientôt de l'inanité d'une telle rumeur. Je voulus toutefois me renseigner sur les lieux mêmes et voir de mes yeux ce qui pouvait accréditer pareil bruit.

Or, voici ce que j'ai lu sur le tombeau qu'on m'a montré dans la crypte, comme étant *celui* de saint Ennemond :

« *Ci-gît Nicolas, abbé de Clairvaux, mort en 1753, à l'âge de 70 ans. Qu'il repose en paix* ».

De saint Ennemond pas de traces. Pas même un nom sur les parois de l'autel ou sur les murs pour perpétuer la mémoire de sa présence, vraie ou prétendue, jadis en ce lieu.

Ainsi c'est sur l'inscription tumulaire à demi effacée d'un abbé de Clairvaux, mort il y a cent vingt-quatre ans, qu'est bâti tout ce bel échafaudage....

Soyez sûrs néanmoins que longtemps encore il se rencontrera des gens pour vous assurer que *le corps de saint Ennemond est dans la crypte...* Cela s'est toujours dit !

Quoi qu'il advienne, louons sans réserve la touchante coutume de célébrer la sainte messe sur l'autel de la crypte, le 28 septembre. C'est un souvenir de ce qui s'est pratiqué — et pour d'excellentes raisons alors — dans le premier quart de notre siècle, et de ce qui se pratiquait au moyen âge, lorsque le culte du saint Martyr était en pleine faveur à Saint-Nizier (1).

---

(1) Il serait beau de trouver à Saint-Pierre un souvenir quelconque du culte si assidu dont y fut jadis honoré saint Ennemond. Pensant qu'il s'en était cons rvé quelques vestiges, je demandai un jour à un prêtre de la paroisse ce qui se pratiquait à cet égard. « *Votre* Saint, me fut-il répondu, est tout à fait inconnu à Saint-Pierre : nous n'avons de lui ni fête, ni relique ».

CHAPITRE SECOND

CULTE DE SAINT ENNEMOND DANS LE DIOCÈSE DE LYON

Saint Ennemond est, dans notre diocèse, le patron des six paroisses suivantes : la Tour Salvagny, Châlain-le-Comtal, Verrières, Bellegarde, Saint-Ennemond de Saint-Etienne, et Saint-Ennemond de Saint-Chamond (1).

La TOUR SALVAGNY est une petite paroisse de six à sept cents âmes, dans le canton de l'Arbresle. Au siècle

---

(1) Il existe encore, sur la paroisse de Cercié, en Beaujolais, un hameau et une petite chapelle qui portent le nom de Saint-Ennemond. La généalogie manuscrite des comtes de Lyon de Du Bouchet, qui se trouve à Montbrison parmi les manuscrits de La Mure (tome III des *Documents*, fol. 12), attribue à Umfred, comte de Forez de la première race, une charte par laquelle il donna en 976 à l'abbaye de Cluny la chapelle de Saint-Ennemond, située près de Belleville. — Au moyen âge, Saint-Ennemond forma une commune autonome. — Au siècle dernier, la commune n'existait plus, mais la chapelle comptait de nombreux visiteurs, et l'on y disait la messe plusieurs fois par an. — Aujourd'hui, Saint-Ennemond est à peine un hameau. Il y a plus de cinquante ans qu'on n'a célébré les saints mystères dans la chapelle. L'édifice est d'ailleurs dans un délabrement affreux : les autels sont en morceaux ; la relique a disparu, et la cloche a été transportée à l'église de Cercié. Enfin, pour que le désastre soit complet, on parlait, il y a quinze mois, de vendre la chapelle et de la convertir à je ne sais quel profane usage... Franchement les gens de certains pays ont une singulière façon de conserver les souvenirs !

dernier, ce village dépendait de la paroisse de Lentilly, dont il formait une annexe : un vicaire de Lentilly y résidait ordinairement.

D'après la charte 137, tirée du cartulaire d'Ainay, l'église était appelée, vers 984, « Capella sanctæ Crucis Salvinico » et dépendait du cellérier de Savigny.

Elle reçut plus tard, pour premier patron, saint Ennemond, sous le vocable duquel nous le trouvons encore aujourd'hui.

Dans les temps de foi, les parents venaient invoquer le Saint pour leurs enfants sujets à la frayeur : mais cette dévotion se perd de plus en plus.

Aussi bien, aucun office *propre* ne rappelle d'une façon spéciale la gloire et les bienfaits de notre grand Évêque : bien que célébrée avec octave, sa fête est prise intégralement au *Commun* d'un Martyr.

Mentionnons, toutefois, une relique authentique donnée à la paroisse par les Religieuses de la Visitation de Montluel.

CHALAIN-LE-COMTAL, village encore moins considérable que la Tour-Salvagny, avait du moins le titre de paroisse quand celle-ci n'était qu'une simple annexe. Chalain, du reste, était fier de son château et de sa seigneurie qui avait formé, autrefois, l'apanage des filles des comtes de Forez. Le village relevait de l'archiprêtré, élection et bailliage de Montbrison.

On comptait, en 1746, deux cents communiants dans la paroisse. Le prieur de Savignieux nommait à la cure, et l'église était, de temps immémorial, sous le vocable de saint Ennemond. L'on n'a de lui, actuellement, aucune relique authentique.

VERRIERES a reçu saint Ennemond pour patron titulaire il y a plus d'un siècle ; mais là, comme à Chalain, on ne possède aucune relique authentique.

Du reste, point de pèlerinage établi, mais une dévotion toute particulière des bons paysans de l'endroit pour leur patron.

BELLEGARDE, qui compte aujourd'hui plus de seize cents âmes, n'était, au xviiie siècle, qu'un assez modeste village, relevant, au spirituel, de l'archiprêtré de Courzieu, et, au civil, de l'élection de Montbrison.

Ce village, toutefois, avait son château et sa seigneurie, sans parler d'un prieuré florissant qui dépendait de l'abbé d'Ainay. L'église, en 1760, était sous le vocable de saint Ennemond, et le prieur nommait à la cure.

On possède à Bellegarde, en ce moment, deux reliques du saint martyr ; l'une, authentique, offerte récemment à la paroisse par un de ses anciens vicaires, M. l'abbé P*** ; l'autre, très-ancienne, mais dont il est difficile de préciser la valeur, car le reliquaire ne se peut ouvrir : il a la forme d'une petite chapelle, en argent massif, et pourrait bien renfermer quelque relique insigne.

En toute hypothèse, saint Ennemond fut toujours fort vénéré dans le pays : on vient de très-loin faire lire l'évangile de saint Ennemond sur les enfants qu'on veut guérir de la peur.

On invoque également le Saint avec une ferveur extraordinaire dans les épizooties.

SAINT ENNEMOND, A SAINT-ÉTIENNE.

Le culte de saint Ennemond, à Saint-Etienne, est probablement aussi ancien que sincère. Je ne le trouve, toutefois, rattaché à aucun souvenir positif avant 1737.

Car la paroisse actuelle, bien que la troisième de la ville par ordre d'ancienneté, est de création relativement récente. Mais, avant d'exister comme paroisse, elle existait comme chapelle, et c'est l'histoire de cette chapelle que je vais brièvement rapporter.

Affligée de voir les pauvres forgerons du quartier de Polignais (1) se dispenser facilement d'assister à la messe les jours de fête et de dimanche, faute d'habits convenables pour paraître à la *grand'église*, une riche Stéphanoise, mademoiselle Gabrielle de la Veühe (2), fit construire, en 1737, dans ledit lieu une chapelle sous le vocable de saint Ennemond, et la dota de la rente nécessaire pour avoir un prêtre « desserviteur » (*sic*).

Cette chapelle se trouvait derrière l'église actuelle, mais elle était orientée en sens inverse, de telle sorte que, l'abside étant tournée à l'est, sa façade formait le côté est de la place Polignais.

Plus que simple d'ailleurs et sans aucune prétention à l'architecture, elle suffisait cependant au « bien spirituel

---

(1) La tradition locale dit, dans une langue moins châtiée : « les *déguenillés* de Polignais ».

(2) Il existe trois orthographes anciennes de ce nom : La Veühe, La Vehue, La Vüe ; mais la première semble être la bonne. On prononçait : *Vu*. Il y avait dans les armes de la famille, comme attribut parlant, un aigle regardant le soleil. Ces armes sont sculptées sur une belle pierre tombale d'un de La Veühe, seigneur de Collonges, qui reposait dans l'église de Saint-Rambert-l'Ile-Barbe : cette pierre, après avoir été laissée longtemps exposée aux injures de l'air, a disparu.

les voisins, but principal qui avait engagé à la faire
'onstruire ».

En décembre 1740, Mlle de la Veühe fondait dans la cha-
elle une messe basse pour tous les jours de l'année (1).

Quelques mois auparavant, une confrérie de Pénitents
vait été autorisée à y faire ses offices. Mais, s'il faut en
'oire le registre des *Confalons*, cette autorisation se
onvertit promptement en un droit de propriété.

Je relève, en effet, à la date du 12 février 1741 (2) : « La
nfrérie des Pénitents du Confalon a été mise *en posses-
n* de la chapelle de Saint-Ennemond à Polignais (3) ».

Quoi qu'il en soit, cette chapelle devint église parois-
le dès le rétablissement du culte au commencement
ce siècle. Erigée en succursale en 1803, elle parut
me bientôt trop restreinte pour la population qui,
nnée en année, augmentait notablement.

ussi bien, elle avait contre elle son état de vétusté.

es paroissiens prièrent donc M. Peurière, premier
é de Saint-Ennemond, de s'employer auprès de
ministration municipale pour obtenir une église
solide et plus spacieuse.

tamées dès 1823, les démarches furent entravées
plusieurs circonstances : c'était d'abord le refus de
mmune de Montaud de participer à la construction ;
, vinrent les journées de 1830.

pendant un nouveau curé, M. Viallard, nommé en
insistait toujours.

---

oir dans l'*Appendice*, n° 8, le texte de l'acte de fondation.
lis, sur le même registre, en 1748, le détail suivant : « *Dépence :*
Indulgences de Saint-Ennemond, donné au Père Capucin 9 livres ».
la même date 1741, Mlle de La Veühe institue, par testament, un
me dans la chapelle de Saint-Ennemond, à Polignais.

Devant tant de sollicitations, et en présence du danger qu'il y avait à célébrer plus longtemps les offices dans une chapelle menaçant ruine, le maire céda et son conseil avec lui.

Mis au concours en 1835 et adopté par ordonnance royale de la même année, les plans reçurent quelques mois après leur exécution.

Le 16 juin 1836, on commença le travail des fondations ; et, le 20 janvier 1843, après mille embarras de toute nature, le même curé, muni d'une délégation du cardinal de Bonald, faisait la bénédiction solennelle de son église : les dépenses avaient atteint le chiffre de 350, 000 francs

Saint-Ennemond est un bel et vaste édifice à trois nefs, qui a reçu, depuis, divers embellissements : ainsi, le porche a été entièrement terminé ; et, dans la nef latérale à gauche, l'abside qui sert de chapelle a été décorée par des peintures où la piété, à défaut de l'art, trouve avantageusement son compte.

Spécialement dédiée à saint Ennemond, cette chapelle présente comme en raccourci, dans trois tableaux et cinq écussons, l'histoire du saint Evêque.

C'est M. Zacchéo, un artiste plein de bonne volonté, qui a peint les trois sujets :

Au centre, le martyre, avec cette légende : « Saint Ennemond mis à mort près de Châlon-sur-Saône, par ordre d'Ebroïn, en 657 » ;

A droite, le transfert des restes du Martyr, avec ce texte : « Le corps de saint Ennemond rapporté à Lyon, par saint Wilfrid (1) » ;

---

(1) Dans ces deux tableaux, saint Wilfrid figure en évêque, avec la mitre sur

A gauche, saint Ennemond donne le voile aux Religieuses de Saint-Pierre, et on lit : « Saint Ennemond, évêque de Lyon, établit dans cette ville une communauté de vierges se consacrant aux œuvres de charité ».

Voici maintenant l'inscription de chaque écusson :

« Destinavit non admittere illicita propter vitæ amorem ». — Mihi vivere Christus est et mori lucrum ». — « Nolite timere eos qui occidunt corpus, animam autem non possunt occidere ». — « Gloriosam mortem complectens, voluntarie præibat ad supplicium ». — « Beati qui persecutionem patiuntur propter justitiam, quoniam ipsorum est regnum cœlorum ».

Entre l'autel et le mur, à gauche, repose sur une crédence la relique de saint Ennemond : c'est un os assez considérable noyé dans le velours rouge qui revêt l'avant-bras d'une main en cire.

La fête fut toujours célébrée avec beaucoup de pompe. Mais, ni M. Viallard, ni M. Bravard, qui le remplaça en 1853, ne lui donnèrent l'éclat qu'elle revêt aujourd'hui.

C'est M. Collard, curé actuel et successeur de M. Bravard depuis 1858, qui a établi l'octave solennelle. Le jour même de la fête de saint Ennemond, quand elle tombe pendant la semaine, on chante une grand'messe dans sa chapelle, et, chaque soir, durant huit jours, il y a de pieux exercices terminés par la bénédiction du Saint-Sacrement.

---

la tête et la crosse à la main ; il suffit d'indiquer l'anachronisme d'un pareil costume : tout le monde sait que le jeune Anglais ne fut sacré évêque, par l'évêque de Paris, qu'en 669. — Quant à la date 657, j'ai dit précédemment ce qu'il faut en penser.

Quant à l'ancienne chapelle, berceau de la paroisse, les Pénitents semblent en perpétuer les traditions.

Dès 1801 (12 juillet), les confrères se réunissaient en assemblée extraordinaire pour procéder à la réorganisation de la société ; et, dans la chapelle qui sert de nos jours à leurs réunions, l'on peut lire sur un tableau appendu aux murs un article — le seul qui nous intéresse — de leur règlement ainsi conçu : « Le 28 septembre, fête de saint Ennemond. Matines à 8 heures ; grand' messe à 9 heures ; Vêpres et bénédiction à 3 heures, et, la veille, à 5 heures ».

SAINT ENNEMOND, A SAINT-CHAMOND.

J'en viens enfin au principal et plus consolant théâtre du culte de saint Ennemond.

Non pas que je cède, en parlant ainsi, aux illusions d'une tendresse exagérée pour ma ville natale ; mais parce que, à Saint-Chamond seulement, je rencontre à la fois un pèlerinage très-fréquenté, un office spécial et des reliques d'une authenticité incontestable.

Sans vouloir donner ici une histoire de la ville, peut-être ne sera-t-il pas inopportun de dire en quelques mots son passé.

Si je consulte la carte de Peutinger (1), un fait me frappe d'abord : c'est que la grande voie romaine qui

---

(1) Un professeur célèbre, Conrad Celtes, découvrit, en 1500, une *Table* des voies romaines, et Peutinger, érudit allemand de cette époque (1465-1547), la publia. C'est ce qu'on appelle la *Carte de Peutinger*. Cette *Table* des voies militaires de l'empire avait-elle été dressée par M. Agrippa, gendre d'Auguste et général distingué, ou fut-elle faite seulement au IV⁰ siècle sur l'ordre de Théodose ?...

Historici certant et adhuc sub judice lis est.

allait de Lyon au Puy passait par notre *Saint-Chamond* (1) actuel.

On sait, d'autre part, que les Romains avaient habité la région lorsqu'ils avaient construit le colossal aqueduc dont on voit encore aujourd'hui quelques vestiges et qui portait à Lyon les eaux du Pilat. Ils avaient même bâti, sur le flanc de la colline, une tour destinée à défendre leur magnifique travail.

Une voie de communication reliant Saint-Chamond à Lyon, est-il vraisemblable, ainsi qu'on l'a prétendu, que, jusqu'au vii° siècle, notre ville soit restée grossièrement attachée aux pratiques du culte druidique ?

Quand Lyon était noyé dans le sang des martyrs ; quand, au lendemain de la persécution, ses évêques portaient de toutes parts la bonne nouvelle, notre pays a-t-il été à ce point déshérité, qu'aucun apôtre n'y soit venu annoncer le vrai Dieu (2) ?

En l'absence de documents positifs, il faut bien se résoudre à ne rien conclure : mais je ne puis me défendre de croire que, bien avant cette date, le Dieu de l'Evangile n'ait compté parmi nos pères quelques zélés adorateurs.

La chapelle que saint Ennemond fit construire, au pied de l'antique tour romaine, n'aurait été, en cette hypothèse, qu'une satisfaction accordée à leurs sentiments religieux : il récompensait ainsi la piété de nos ancêtres en même temps qu'il élevait au Seigneur un temple digne de lui.

---

(1) Sous la domination romaine, il dépendait des *Condeatenses*, c'est-à-dire d'un *pagus* dont Condrieu était la capitale.

(2) Voir, dans l'intéressante étude de M. DE LA SAUSSAYE sur les *Six premiers Siècles littéraires de la ville de Lyon*, un curieux passage sur le *Druidisme* (p. 68, sq.).

Et, quand il fut tombé sous le poignard d'Ebroïn, une parcelle de son corps apportée de Lyon dans la chapelle y implanta pour jamais son souvenir.

On ne parla plus seulement, dès lors, de l'église Saint-Ennemond, mais le qualificatif s'étendit à toute la colline, et le château du Seigneur de Lavieu lui-même, qui la dominait, s'appela Saint-Annemond-du-château-majeur (1).

Sur la rive opposée, au confluent du Gier (2) et du Janon, existait un autre château, et, autour du château, une autre agglomération : on nommait cela le bourg de Doulx.

Vers 1280, le château en question et Saint-Annemond-du-château-majeur étant tombés aux mains du même Seigneur (3), Godemar de Jarez, celui-ci octroya aux habitants du bourg les bonnes coutumes, franchises et libertés de la ville franche de Saint-Annemond-du-château-majeur (4): Dès ce moment, le nom de Doulx commença à se perdre. Deux siècles plus tard, nous n'en trouvons plus trace : on ne parle plus alors que de Saint-Annemond ou de Saint-Chaumond.

---

(1) Un comte de Forez du xᵉ siècle, Gérard Iᵉʳ, avait, dans sa jeunesse (977), porté le titre de « seigneur de Saint-Ennemond ». Cette seigneurie, la plus ancienne du Lyonnais, avait le premier rang parmi les baronnies de la province. — *Cf.* LA MURE, *Hist. des Ducs de Bourbon et des Comtes de Forez*, t. I, p. 52, 56. A la page 112 du même tome, il signale *Saint-Chomond* comme une des terres remarquables de Guillaume le Jeune, comte de Lyon et de Forez.

(2) Gier, en latin *Giarum*, d'où Jarez (par corruption Jarrêt), a donné son nom, pendant le moyen âge, à une opulente famille de seigneurs.

(3) Je lis dans une bulle du pape Alexandre III, confirmative d'une transaction passée entre Guy II, comte de Forez, et l'Archevêque de Lyon (1180) : « ... *Duo castella sancti Annemundi* cum mandamentis suis, infra terminos Ecclesie, sunt... »

(4) Ce fut sur la recommandation du seigneur que Guy VII, comte de Forez, nomma en 1347 prévôt de Montbrison un habitant de Saint-Annemond nommé André Mouton, et, en 1352, prévôt de Roanne, un autre habitant de la même ville, appelé Maignaux et surnommé Kaquarel.

Je n'ai pas à revenir sur ce que j'ai dit plus haut (page 10) de l'identité des deux qualificatifs.

Je dois seulement faire remarquer que le nom de *Saint-Chamond*, seul usité aujourd'hui, ne fut entièrement adopté dans le pays que vers 1789. Jusqu'à cette date, il s'employait concurremment avec *Saint-Chaumond*, lequel échappe quelquefois encore dans la conversation, aux vieillards des localités voisines (1).

Le clocher de l'église ayant été détruit par le feu, M. Dugas, curé de la paroisse, en fit construire un autre, en 1652, *peut-être* aux frais du marquis de Saint-Chamond.

Je ne vois nulle part, en effet, que l'église ait eu fort à se louer des générosités de son puissant voisin.

Un homme cependant fait exception dans la liste des seigneurs plus ou moins indifférents à cet endroit : c'est Melchior Mitte de Chevrières, marquis de Saint-Chamond et de Montpezas, comte de Miolans et d'Anjou, premier baron du Lyonnais et de Savoie.

Cet homme, que son nom et son mérite (2) avaient mis

---

(1) Des pièces de 1634 prouvent que les notaires du pays écrivaient *Saint-Chamond*. C'est aussi l'orthographe gardée par Mgr Armand Duplessis de Richelieu dans sa lettre au marquis de Saint-Chamond pour approuver la fondation de la collégiale de Saint-Jean-Baptiste : Castellum urbis de *Sainct-Chamond*. — De vieux almanachs de 1760, 1761 et 1782 portent tous *Saint-Chaumond* ou *Saint-Chamond*, oppidum sancti Annemundi. — *Cf.* note page 104.

(2) Il fut vingt-trois fois ambassadeur et fit épouser à Just-Henry Mitte, son troisième fils, Suzanne-Charlotte de Gramont ; c'est de cette *Marquise de Saint-Chamond* que parlent les plus intéressants Mémoires du temps (*Cf. Mémoires de Mlle de Montpensier*, dans l'édition d'Amsterdam de 1735, t. IV, 49, 50, et t. VI, 15, 16, 17. — *Mémoires de la vie du comte de Gramont*, ch. 10 et 11. — *Mémoires de Motteville*, t. VI, p. 108. — *Mémoires de l'Abbé de Choisi*, liv. VII. — *Lettres de Mme de Sévigné*, 8 nov. 1679 : j'ai cherché avec une vive curiosité dans les deux volumes de lettres *inédites* que M. Capmas vient de publier — novembre 1876 — à la librairie Hachette, s'il était question encore de la Marquise de Saint-Chamond ; mais son nom ne

très en vue à la cour de Louis XIII, avait gardé fidèle, au milieu même de ses missions diplomatiques et des honneurs, le souvenir de son marquisat.

Bien que possesseur d'un splendide hôtel dans la rue Saint-Denis (1), il n'hésita point à embellir son château de Saint-Chamond et à doter sa bonne ville de plusieurs édifices remarquables (2). Ainsi, dans les jardins mêmes

---

s'y trouve point). Il n'est peut-être pas sans intérêt de remarquer que Melchior Mitte avait une de ses tantes religieuse de Saint-Pierre-les-Nonains : on l'en tira (1603) pour la faire abbesse de Sainte-Colombe. Le tableau ci-dessous donne, jusqu'à nos jours, la suite des seigneurs qui succédèrent à Melchior Mitte :

MELCHIOR MITTE DE CHEVRIÈRES
(1585-1649).

| LOUIS mort jeune. | FRANÇOIS religieux. | JUST-HENRY MITTE † 1665 sans postérité. | FRANÇOIS chanoine de Lyon. | JEAN-ARMAND MITTE épouse Gasparde DE LAPORTE DE DOUASSIN | 4 FILLES dont deux mortes en bas-âge. |

| UN FILS mort des blessures reçues à la guerre. | MARIE-ANNE MITTE épouse en 1685 († 1714) le comte de Vienne, Charles-Emmanuel de la Vieuville, et lui apporte le marquisat de St-Chamond |

CHARLES-LOUIS DE LA VIEUVILLE, marquis de St-Chamond

CHARLRS-LOUIS-AUGUSTE DE LA VIEUVILLE *vend, le 24 mars 1768, sa terre de St-Chamond à messire* JEAN-JACQUES GALLET DE MONTDRAGON, *conseiller d'Etat, maître d'hôtel ordinaire du Roy et secrétaire des commandements de feu Madame la Dauphine : ce fut le dernier marquis de St-Chamond. Son fils, messire* JEAN-JACQUES-AUGUSTE, *marquis* GALLET DE MONTDRAGON, *est mort le* 1er *mars* 1860.

(1) C'est dans la chapelle de cet hôtel qu'avait été faite, en 1622, la cérémonie du mariage du duc d'Epernon avec Gabrielle de France.

(2) Il fit construire, en 1640, les grandes écuries du château et la terrasse angulaire du côté de la ville. Son grand-père Christophe, mort en 1580, avait fait bâtir le château et ses bastions tels qu'on les voyait à la fin du XVIIIe siècle.

La gravure ci-contre représente le château et la partie haute de la ville, en décembre 1642 :

1. Eglise Saint-Ennemond, première paroisse.

du château, il fit élever une riche collégiale, dont nous
ne possédons malheureusement plus aujourd'hui qu'un
arceau en ruines (1) ; et, quelques années auparavant,
il avait fait bâtir les deux églises de Saint-Pierre et
de Notre-Dame (2) et terminer le couvent des Ursuli-

---

2. Château du marquis, appelé autrefois Saint-Annemond-le-château-majeur.

3. Collégiale de Saint-Jean-Baptiste : l'arceau au-dessus du n° 3 et les trois
fenêtres au-dessous sont tout ce qui reste aujourd'hui.

4. Grand escalier du château et de la collégiale.

5. Archives.

6. Tour du château.

7. Ecuries et grange du château. Occupé aujourd'hui par les Frères des
Ecoles, ce bâtiment a gardé le nom de *Grand'Grange*.

8. Couvent des Pères Capucins.

9. Ancien bourg de Doulx. C'est sur cette rive du Gier que se trouvent le
monastère des Ursulines et le couvent des Pères Minimes.

(1) Erigée sous le vocable de Saint-Jean-Baptiste, cette église ne coûta pas
moins de 300,000 livres. Le cardinal de Richelieu en ayant approuvé la fondation, le 28 octobre 1635, on posa la première pierre, et, le 23 décembre 1642,
on y dit la première messe. La première prédication s'y fit le 26 du même
mois. — Un vénérable chapitre de chanoines fut en même temps établi par le
marquis dans la collégiale.

(1) Au commencement du XVIIe siècle, il existait, à l'angle nord-est du château de Saint-Chamond, une petite chapelle dédiée à saint Pierre. Melchior
Mitte la fit raser en 1609 et reconstruire de l'autre côté du Gier, sur l'emplacement occupé alors par une autre chapelle, dite de Sainte-Barbe, dont le chœur
fut utilisé pour la nouvelle construction. L'église Saint-Pierre et Sainte-Barbe
ne fut point de suite érigée en paroisse ; elle demeura ce que Sainte-Barbe était
ci-devant, annexe de Saint-Julien-en-Jarez, dont le prieur nommait à la cure.
— Au XVIIIe siècle, le prieuré de Saint-Julien releva des Jésuites du grand collége de Lyon.

Quant à Notre-Dame, elle fut bâtie sur la place Marquise, depuis place Notre-
Dame, avec les deniers du seigneur. Commencée en 1618, terminée en 1621, et
érigée sous le vocable de l'Assomption de la sainte Vierge et le patronage de
saint Roch, elle fut, comme Saint-Pierre et Sainte-Barbe, une simple annexe
rattachée à Saint-André d'Izieu : c'est ce qui explique pourquoi Mme l'abbesse
du monastère de Saint-Pierre de Lyon, dont Izieu était un prieuré, nommait à
la cure de Notre-Dame. On a, dans la première moitié de ce siècle, relevé toute
la façade. Depuis, il a fallu songer à une reconstruction totale, et on s'en occupe activement aujourd'hui. Déjà même, s'il est permis de préjuger de l'ensemble par une étude attentive des plans et l'examen des travaux accomplis, la
future église promet d'être une des plus remarquables du diocèse. Le 26 sep-

nes (1). Son cœur était vraiment attaché au pays dont il était le seigneur : aussi, lorsqu'il mourut (10 septembre 1649), exigea-t-il que ses restes fussent rapportés de Paris et ensevelis, avec grand honneur, dans la collégiale de son château (2).

Vers 1685, le marquisat échut à la famille de la Vieuville par le mariage de Marie-Anne Mitte, fille de Melchior Mitte, avec Charles-Emmanuel de la Vieuville, comte de Vienne.

Celui-ci, touché de la modicité des ressources de son curé, lui fit, en 1707, une pension annuelle de vingt livres (3).

---

tembre 1876, Mgr Caverot en a solennellement béni la première pierre, et, le même jour, avec cette exquise délicatesse qui sait prévenir une demande, Sa Grandeur a spontanément offert à M. le Curé de venir *consacrer* son église dès qu'elle sera finie.

(1) C'est la mère du marquis, Gabrielle de Saint-Chamond, qui avait fondé ce couvent ainsi que celui des Pères Minimes. Le premier fut achevé en 1618, et des Ursulines, venues de Rome, y entrèrent dès 1619, sept ans après l'établissement des Ursulines de Lyon, lesquelles se prétendent avec raison les premières de France : le marquis leur apporta d'Allemagne, en 1636, une relique insigne de sainte Ursule. — Le second, commencé en 1622, fut terminé en 1633. Les bâtiments, considérablement modifiés et agrandis, sont actuellement occupés par un collége des Pères de la Société de Marie ; mais ils vont rentrer prochainement (octobre 1877) au pouvoir de la ville, qui en est propriétaire. Jadis, la petite place qui se trouve devant l'établissement, s'appelait place des Minimes : elle a reçu ensuite le nom de place du Collége et, dernièrement, on a inscrit sur les plaques : place de la Mairie. Ne serait-il pas plus sage de revenir au premier qualificatif, et de n'en plus changer?...

(2) Plusieurs de ses enfants furent déposés aussi dans les caveaux de la Collégiale. Son père, Jacques de Miolans, avait été enseveli dans l'église des Capucins, qu'il avait fondée en 1601, ainsi que le couvent.

(3) Voici un curieux détail relevé dans les archives de Saint-Pierre et Sainte-Barbe : La pension consistait en un *droit de langues* sur les bêtes à deux dents, que les bouchers de la ville devaient payer au seigneur, et que celui-ci avait transféré au curé de Saint-Ennemond. Or, en 1708, les bouchers, sous un prétexte ou un autre, ne payèrent pas la pension. Le curé en appela aussitôt à qui de droit, et Louis XIV, par un arrêt en date du 1er juin et enregistré le 26 juillet, les contraignit à s'exécuter.

Car ils étaient fort maigres, les revenus du curé de
Saint-Ennemond ! Les registres du xviiie siècle sont rem-
plis de doléances à cet égard : ce ne sont que déclarations
de charges, et requêtes pour les alléger (1).

La Révolution de 89 coupa court à cet état de choses.

Toutefois, ce ne fut qu'en 1791 que le curé laissa son
presbytère et que tout culte public et solennel cessa dans
la paroisse.

Un prêtre assermenté, originaire de Saint-Ennemond,
y exerça quelque temps encore les fonctions du ministère.

Mais lorsque, revenu à des sentiments meilleurs, il
partit pour occuper le poste que venait de lui confier
l'autorité diocésaine, c'en fut fait de saint Ennemond et
de son culte dans l'église qui, depuis plus de onze siècles, lui était consacrée. Ouverte aux intempéries de l'air
et à demi saccagée, elle ne présenta plus bientôt que le
désolant aspect d'un temple en ruines. C'est alors que
Saint-Pierre, devenu le siége du canton, engloba ce qui
s'était appelé jadis la *première paroisse* de la ville : il ne
fut pas même question de rétablir un curé.

Heureusement, toute anomalie a presque nécessairement un terme : car, ce n'est point ainsi que l'on rompt
brusquement avec tout un passé.

Le 2 juillet 1856, dans le clocher antique, silencieux
depuis un demi-siècle, des sons joyeux se sont fait entendre ; l'office divin, trop longtemps interrompu, a re-
tenti de nouveau sous les voûtes de la vieille église

---

(1) L'archevêque de Lyon écrivait, le 31 octobre 1778, à M. Bajard, curé de
Saint-Ennemond : « Je puis bien, mon cher curé, vous permettre de recevoir
« quinze sols au lieu de douze pour l'honoraire des messes basses que l'on
« vous charge de dire, et je le fais volontiers en considération de la modicité
« des revenus de votre bénéfice... »

presque entièrement reconstruite, et, sans faire entrer en ligne de compte la joie des paroissiens, l'affluence des pèlerins a bientôt éloquemment prouvé l'utilité et le sens de cette restauration.

RELIQUES DE SAINT ENNEMOND, A SAINT-CHAMOND.

On possède aujourd'hui, à Saint-Chamond, deux reliquaires : l'un est à Saint-Pierre, et l'autre à la paroisse de Saint-Ennemond : mais tous deux appartenaient, dans le dernier siècle, à Saint-Ennemond, première paroisse de la ville.

L'histoire du second reliquaire ne manque pas d'intérêt.

Quand eut lieu le pillage des églises et chapelles, de pieux paroissiens réussirent à sauver tant à Saint-Ennemond qu'à la collégiale, une certaine quantité de reliques : un bon nombre toutefois de ces précieux restes tomba entre des mains impies et fut détruit ou mis en vente.

C'est vraisemblablement le sort qui attendait le reliquaire dont je m'occupe, quand la famille V** l'aperçut aux mains d'un enfant du peuple et le lui acheta pour une pièce d'argent.

Conservé avec soin par Mademoiselle V**, ce reliquaire a eu, depuis, sa légende. On assure qu'elle le faisait vénérer elle-même aux fidèles et aux pèlerins dans le clocher de l'église, lequel confinait à sa demeure : et il se raconte, à ce propos, dans le pays, bien des histoires, d'une exactitude discutable peut-être, mais à coup sûr fort singulières.

Quoi qu'il en soit, Mademoiselle V**, en mourant, donna

son reliquaire à un prêtre de la paroisse Saint-Pierre et Sainte-Barbe, et celui-ci eut à cœur, dès la réouverture de l'église, de rendre à Saint-Ennemond le trésor qui lui appartenait.

Du reste, toutes les précautions furent prises pour s'assurer de l'authenticité de la relique : outre que les caractères intrinsèques ne firent point défaut, on eut encore la bonne fortune de trouver, sur la paroisse, quatre vieillards qui témoignèrent que le reliquaire était bien, quant à la forme et au contenu, celui qu'ils avaient vénéré à Saint-Ennemond, avant 93.

Moins chargée de péripéties, mais plus longue est l'histoire du premier reliquaire.

Sauvé par M. Dervieux, curé de Saint-Ennemond, au moment de son départ, et confié à la garde de personnes sûres qui le rendirent intact quelques années après, il devint, comme maint reliquaire de la collégiale, la propriété de Saint-Pierre, quand M. Dervieux eut été nommé à la cure de cette paroisse.

Le digne Curé écrivait, le 6 août 1810, à MM. les vicaires généraux du diocèse :

« Messieurs,

« Vous avez bien voulu m'autoriser *provisoirement* à « exposer à la vénération des fidèles les reliques de saint « Ennemond et de saint Clair, que j'avais eu le bonheur « de soustraire à l'impiété révolutionnaire ; mais je désire- « rais, pour la consolation de nos habitants et d'un nombre « prodigieux d'étrangers qui viennent constamment les « honorer, d'avoir une permission *définitive.*

« Plusieurs fidèles de la plus entière confiance ont eu « aussi la satisfaction de conserver les reliques de plu-

7

« sieurs Saints révérés dans l'église collégiale de Saint-
« Chamond et renfermées dans le précieux trésor de ce
« chapitre : nous désirerions de les placer d'une manière
« convenable dans une chapelle de notre église, pour
« satisfaire la piété de nos fidèles qui, dès leur enfance,
« avaient été accoutumés à les honorer.

« Je vous prie en conséquence, Messieurs, de désigner
« dans le canton de Saint-Chamond deux de MM. les Cu-
« rés pour en faire la vérification, entendre le dire des
« personnes intruites desdites reliques et nous autoriser
« à les exposer à la vénération publique. Le suppliant
« continuera ses vœux pour votre conservation si néces-
« saire au bonheur de la religion et au bien du diocèse.

« A Saint-Chamond, le 6 août 1810.

« DERVIEUX, *curé de Saint-Pierre* ».

A quoi MM. les vicaires généraux répondirent incon-
tinent :

« Nous, Vicaires généraux du diocèse de Lyon, assem-
« blés en conseil le 8 août 1810, lecture prise de la re-
« quête cy-devant de M. Dervieux, curé de Saint-Pierre
« de Saint-Chamond, commettons ledit M. Dervieux,
« M. Lancelot, curé de Rive-de-Gier, et M. Monteillier,
« curé de Notre-Dame de la même ville de Saint-Cha-
« mond à la vérification des diverses reliques autrefois
« exposées à la vénération des fidèles dans les églises
« collégiale et paroissiale de Saint-Chamond et qui ont
« été conservées par diverses personnes pieuses, aux fins
« de constater, par voies d'enquête et toute autre ma-
« nière possible, l'identité, recueillir les preuves qu'on
« aurait encore de leur authenticité, en dresser procès-

« verbal et nous le transmettre, toutefois après les avoir
« duement scellées, pour être ordonné par nous ce qu'il
« appartiendra.

« Lyon, les jour et an que dessus.

« COURBON, *V. g.*
« BOCHARD, *V. g.* »

Je ne sais quelle considération ou quel obstacle empê-
cha les délégués de se réunir aussitôt.

Ce ne fut qu'un an plus tard qu'ils adressèrent à
l'Archevêché le procès-verbal dont j'extrais les passages
suivants :

« Nous soussignés, curés de Rive-de-Gier, Saint-Pierre
« et Notre-Dame de Saint-Chamond, pour nous confor-
« mer à l'ordonnance de S. A. E. Mgr le Cardinal Fesch,
« archevêque de Lyon, en date du 8 aoust 1810, signée
« Courbon et Bochard, vicaires généraux, nous nous
« sommes rendus en l'église paroissiale de Saint-Pierre
« et Saint-Chamond où, après avoir imploré les lumières
« de l'Esprit-Saint et fait les prières convenables, nous
« avons procédé à la vérification et à l'examen des re-
« liques qui nous ont été présentées ».

« ..... La seconde relique de la ci-devant paroisse de
« Saint-Ennemond est celle de son saint *patron, fondateur*
« *et protecteur de la ville de Saint-Chamond.* Cette relique
« est une grosse partie d'une côte du Saint. Elle est dans
« un médaillon d'argent ; il y a autour, dans des cases,
« d'autres reliques de différents Saints.

« A l'époque où il fut prescrit de donner l'argenterie des
« églises, qu'on croyait superflue, le curé de Saint-Enne-
« mond, l'un de nous trois, fut autorisé à sortir cette re-

« lique d'un très-beau reliquaire en argent, don de la mai-
« son de Saint-Chamond (1), puisqu'il portait ses armoi-
« ries et, si on ne se trompe, aussi celles d'un de nos sei-
« gneurs les archevêques de Lyon, et à la placer dans un
« autre reliquaire; ce qu'il fit ; il a eu aussi la précaution
« à sa sortie de la mettre en sûreté. Il a eu la satisfaction
« de la trouver intacte, ce qu'ont également attesté les
« témoins ci-dessus (2). Un grand nombre d'habitants
« rendraient le même témoignage s'ils y étaient appelés.

« Il paraît que saint Ennemond a été honoré à Saint-
« Chamond, où la tradition croit qu'il fit bâtir la première
« église, aussitôt qu'il eut été placé au nombre des Saints :
« le concours considérable d'étrangers qui subsiste encore,
« principalement aux jours de sa fête et de son octave, en
« est une preuve.

« . . . . . Fait et clos à Saint-Chamond, le 10 septembre
« 1811, en foi de quoi nous avons apposé après chacune
« de nos trois signatures le même scel qui est sur tous
« les susdits reliquaires reconnus, aux fins d'obtenir du
« conseil de son Altesse Eminentissime la permission
« définitive d'honorer et de faire honorer publiquement
« les restes de ces Saints dont l'église de Saint-Pierre est
« enrichie.

> « LANCELOT, *curé de Rive-de-Gier ;*
> « DERVIEUX, *curé de Saint-Pierre et Sainte-Barbe ;*
> « MONTEILLIER, *curé de Notre-Dame* ».

---

(1) C'est le marquis Melchior Mitte qui avait donné ce reliquaire au curé de
sa paroisse.

(2) Ces témoins sont, comme on le voit dans le reste du procès-verbal,
M. Monteillier, M. Cellard prêtre originaire de Saint-Ennemond, et M. Delaval,
ancien chanoine de la collégiale. Tous trois attestèrent, avec M. Dervieux, avoir
trouvé, au retour de l'ordre, la relique intacte et telle qu'ils l'avaient toujours

Quelques jours après, un des témoins écrivait privément à M. le vicaire général Courbon :

« Je soussigné, comme témoin de la vérification des re-
« liques de l'église paroissiale de Saint-Pierre de la ville
« de Saint-Chamond par Messieurs les Commissaires, le
« 10 septembre de la présente année, et n'ayant pas pu
« attendre la clôture du procès-verbal qui en a été fait, je
« déclare avec vérité que j'ai une parfaite connaissance
« de la croix d'argent contenant du bois de la vraie Croix
« que j'ai vu révérer pendant toute mon enfance et ma
« jeunesse à Saint-Ennemond, ma paroisse natale, et qu'elle
« est intacte ; je rends le même témoignage à la relique
« de saint Ennemond....,. J'ai félicité bien sincèrement
« M. Dervieux, zélé curé de Saint-Pierre à Saint-Chamond,
« d'avoir obtenu par son zèle et sollicitation le précieux
« avantage qu'il procure à son église qui méritait ce
« droit, attendu que la paroisse de Saint-Ennemond lui
« est unie et que l'église collégiale était sur son terri-
« toire.

« Atteste et jure tout ce que cy-dessus.

« Valfleurye, 21 septembre 1811,

« Etienne CELLARD, *prêtre* ».

Le vicaire général se contenta d'apposer au bas de la lettre sa signature et ces mots :

Vu. Lyon, le 25 *sept.* 1811.

COURBON, *V. g.*

---

vue à Saint-Ennemond. Scellée par les délégués archiépiscopaux, pour nouvelle preuve de son authenticité, elle fut placée dans une croix en cuivre doré faite exprès pour la recevoir.

Et, deux mois plus tard, il répondit aux délégués :

« Nous, Vicaire général du diocèse de Lyon, après avoir
« vu, examiné, signé et scellé du sceau archiépiscopal le
« procès-verbal ci-dessus....., permettons que lesdites
« reliques soient déposées dans l'église paroissiale de
« Saint-Pierre de la ville de Saint-Chamond, dans les
« châsses et thèques mentionnées au même procès-verbal
« et scellées par les mêmes commissaires, qu'elles soient
« exposées à la vénération des fidèles, comme elles l'étaient
« avant la Révolution dans les églises collégiale de Saint-
« Jean-Baptiste, paroissiale de Saint-Ennemond, et autres.

« *Fait à Lyon, le* 26 *novembre* 1811.

« COURBON, *V. g.* »

Depuis, la plupart des reliques de la paroisse Saint-Pierre sont réunies dans une même chapelle disposée à cet effet. Quant au reliquaire de saint Ennemond, on le garde avec quelques autres reliques insignes dans le trésor de la sacristie et, chaque année, on l'expose dans la chapelle du saint Martyr, pendant l'octave de sa fête. Il y attire *toujours*, comme le disait excellemment M. Dervieux en 1810, un *nombre prodigieux*, un *concours considérable* d'étrangers.

Ceci m'amène à parler enfin plus particulièrement du culte de saint Ennemond, et à trancher cette question délicate : *Saint Ennemond est-il le patron de la ville de Saint-Chamond ?*

DU CULTE DE SAINT ENNEMOND, PATRON DE LA VILLE DE SAINT-CHAMOND.

Patron de la première église catholique dont on ait gardé le souvenir, saint Ennemond, nous l'avons vu, ne donna pas seulement son nom à la colline où s'élevait sa chapelle, mais encore à la partie basse de la cité appelée d'abord bourg de Doulx.

Il est bien évident qu'il était alors *patron de l'agglomération tout entière.* De même que tout relevait, au civil, du seigneur, ou, comme on l'écrivait au moyen âge, du *castellum sancti Annemundi;* tout, au spirituel, dépendait de Saint-Ennemond, première et unique paroisse.

Pourquoi aujourd'hui chercherait-on à renier un passé dont il serait beaucoup plus beau de se montrer fier ?...

Les différentes chapelles qui ont été bâties ultérieurement ne furent d'abord, de quelque nom qu'on les appelle, Sainte-Barbe, Saint-Pierre, Notre-Dame de Pontcharrat ou autre, que de simples sanctuaires destinés à faciliter l'assistance aux offices dans les divers quartiers de la ville. Mais aucune d'elles n'a pu faire que saint Ennemond, originairement patron de toute la cité, ait cessé de l'être.

Que ces chapelles, en devenant annexes de quelque prieuré, aient visé à une certaine autonomie, et que, cherchant à mettre en relief leur patron *spécial,* elles aient peu à peu porté préjudice au souvenir de saint Ennemond, patron *commun* de toute la ville, je le conçois sans peine; mais je ne vois rien là qui aille contre le patronage général de saint Ennemond.

Je conviens sans détour que, depuis 1618, où l'église Notre-Dame fut construite et devint annexe d'Izieu (1),

____

(1) Izieu, je l'ai dit, était un prieuré de Saint-Pierre de Lyon. On sait que les prieurés dont le monastère était usufruitier composaient une partie notable de sa fortune. Il y en avait quatorze. Quatre relevaient particulièrement de la crosse abbatiale : c'étaient Vénissieu, Dolomieu, Morancé et Mionnay. Les dix autres étaient Charpieux, Dessines-Arandon, Saint-Priest, Guérins, Cèzerieu, Villebois, Izieu, Saint-Symphorien-en-Abron, Chambalud et Verna.

il est très-peu question du saint Martyr dans cette église. Désireux de trouver quelque argument en faveur de ma thèse, j'ai fouillé, mais en vain, les archives de la paroisse. Les noms de Notre-Dame, de Saint-André d'Izieu et de Monsieur Saint-Roch (1) reviennent à tout propos dans les pièces; deux fois seulement j'ai rencontré le nom de notre évêque : la première, en 1662, à propos d'une dépense de « deux livres huit sols » pour le luminaire de saint Ennemond; la seconde, en 1710, pour la fondation d'un anniversaire de Montanier Ennemond, le 28 septembre.

Mais on m'accordera aussi qu'il est fait de lui, à Saint-Pierre et Sainte-Barbe, une mention des plus explicites.

D'après un acte notarié de 1643, conservé dans les archives de la cure cantonale, une grand'messe fut fondée à Saint-Pierre, le jour de saint Ennemond; et, détail à noter, cette messe fut fondée en même temps que la messe solennelle de la patronale de la paroisse.

Peut-être n'y a-t-il là qu'une fortuite coïncidence. J'inclinerais pourtant à voir, dans cet assemblage de noms, le dessein d'un rapprochement de fêtes patronales, saint

---

(1) C'est le terme en usage dans les pièces du XVIe et du XVIIe siècles. Voici quelques lignes extraites d'un livre de famille manuscrit qui se trouve à la bibliothèque de Saint-Etienne ; je respecte l'orthographe : « L'an 1628, le mercredi jour d'octobre fête de saint Luc, l'on a porté l'image de Notre-Dame et et de Monsieur saint Roch en procession dedans la grande esglise de Notre-Dame. On i a dit grand messe, la 1e en l'honneur de la vierge Marie et l'autre en l'honneur de M. saint Roch, et estant dans le mesme mois et tout le mois de septembre est mort de la contagion, dans cette ville de *Saint-Chamond* ou Saint-Jullien, environ deux cents cinquante personnes. Dieu veuille apaiser la maladie par sa sainte grâce. Amen ». — Dans un testament de 1669 qui se trouve aux archives de Notre-Dame, M. Saint-Roch est appelé « *compatron* de la mesme esglize Nostre-Dame ».

Pierre étant considéré comme patron de la paroisse et saint Ennemond comme celui de la ville.

Quoi qu'il en soit, voilà d'abord la fondation d'une messe solennelle, le 28 septembre, parfaitement avérée.

Voici, d'autre part, le dicton qui a cours dans les campagnes voisines : « Saint Ennemond, patron de la ville de Saint-Chamond ! »

Et s'il faut à cette parole le contrôle d'une autorité sérieuse, je la chercherai à Saint-Pierre, où l'homme le plus à même de décider en cette sorte de question a, très-nettement et à plusieurs reprises, formulé son avis.

M. Julien Dervieux (1), devenu en 1803 curé de Saint-Pierre, après avoir été successivement vicaire à Notre-Dame et curé à Saint-Ennemond, a consigné, dans un coutumier écrit tout entier de sa main, les usages de la paroisse. Or, le 28 septembre porte très-explicitement : « Fête de saint Ennemond, *patron de la ville de Saint-Chamond* ».

Déjà, cette suscription figurait dans le plus vieux missel de la paroisse.

Mais, ne s'y trouvât-elle point, est-il croyable qu'un homme aussi sérieux que le digne curé ait cherché et réussi à implanter une dévotion nouvelle, sans qu'il soit demeuré la moindre trace de cette innovation ?

M. Dervieux, que ses antécédents et sa vigilance à conserver les habitudes locales mettaient, mieux que personne, en mesure de connaître la vérité sur ce point, n'a fait

---

(1) Originaire de Saint-Chamond et élève distingué de M. Emery en philosophie et de M. Denavit en théologie, le curé Dervieux joignait à une grande érudition et à beaucoup de droiture une délicatesse scrupuleuse sur toutes les questions d'usage et de coutume.

évidemment que répéter à Saint-Pierre ce qu'il disait à Saint-Ennemond avant 93.

Aussi, dans le recueil des *Offices et prières à l'usage de la paroisse Saint-Pierre et Sainte-Barbe*, imprimé en 1809 (1), inscrivit-il sans provoquer ni surprise, ni réclamation : « 28 septembre, fête de saint Ennemond, évêque de Lyon et martyr, *patron de la ville de Saint-Chamond* ». — Et, en 1811, comme on a pu le voir par ce qui précède, le procès-verbal expédié à l'archevêché, à la suite de la vérification des reliques de la paroisse, témoigna dans le même sens.

C'est en s'appuyant sur ces données qu'un Directeur du grand séminaire de Lyon fit, en 1865, la réponse suivante à un jeune sous-diacre qui habitait sur la paroisse Saint-Pierre et qui était le premier à réciter à Saint-Chamond le bréviaire romain-lyonnais :

« Vous ne *pouvez* pas seulement, mais vous *devez* célébrer la fête de saint Ennemond, double de 1ᵉ classe avec octave ; et *tous* les prêtres *de la ville*, qui récitent le bréviaire romain ou romain-lyonnais, sont *astreints* à ce rit au même degré que vous ».

Enfin, MM. les curés des deux principales paroisses de la ville, M. le chanoine Besson, archiprêtre de Saint-Pierre, et M. l'abbé Blanc, curé de Notre-Dame, qui habitent l'un et l'autre Saint-Chamond depuis près de quarante ans et qui ont eu tout loisir d'en étudier les

---

(1) Il y a dans cette brochure, outre un office propre pour la fête de saint Pierre aux liens, 1ᵉʳ patron de la paroisse, le texte d'une amende honorable au Saint-Sacrement, fondée en 1739, et qui se lit tous les premiers dimanches de chaque mois, un exercice de la préparation à la mort pour tous les troisièmes dimanches, des litanies de la divine Enfance de Jésus pour les jours de Noël et de l'Epiphanie, et quelques autres prières spéciales.

usages, sont intimement convaincus que saint Ennemond est le patron de la cité.

Aussi, comme on lui en faisait l'offre tout récemment, M. le curé de Notre-Dame a-t-il volontiers accepté et promis de mettre à une place d'honneur, dans le chœur de sa nouvelle église, un beau vitrail qui représentera saint Ennemond, avec ces mots en légende : SAINT ENNEMOND, PATRON DE LA VILLE DE SAINT-CHAMOND.

C'est ainsi que nous arracherons à l'oubli nos vieux souvenirs : ils sont vraiment trop rares pour les laisser se perdre, et trop précieux pour nous en détacher avec indifférence.

Un progrès toutefois reste encore à réaliser : mais, Dieu aidant, on y atteindra.

Le culte de saint Ennemond, en effet, n'est en vigueur que dans la paroisse de ce nom et à Saint-Pierre.

Or, je le demande, ne serait-il pas désirable qu'il devînt en quelque sorte *national* à Saint-Chamond et que, pour la fête et l'octave du 28 septembre, tout se pratiquât à Notre-Dame comme dans les deux autres paroisses ?...

Partout, alors, dans la ville, retentiraient les louanges du saint Martyr. Et cet office admirable qui date de plus d'un siècle, cet office que nous avons eu le bonheur de conserver *jusqu'ici* par autorisation spéciale, mais qu'une concession de Rome nous permettra bientôt, je l'espère, de conserver *toujours* ; cet office, dis-je, deviendrait véritablement notre patrimoine exclusif.

Car il faut entendre à Saint-Pierre, le jour de la solennité, ces chants enthousiastes, cette prose, ces antiennes, cette hymne ; il faut, tous les matins de l'octave, assister à cette grand'messe, et, les soirs, à ce magnifique salut ;

jl faut être enfin, pendant huit jours, témoin de la piété naïve et de l'affluence des pèlerins, pour comprendre combien toutes ces belles choses sont inséparablement unies et combien étroitement l'on s'y attache soi-même.

Je veux qu'on juge, sur l'heure, de la vérité de mes assertions. Voici, dans son entier, l'office du saint Martyr :

A LA MESSE.

INTROIT. Justus perit, et non est qui recogitet in corde suo ; et viri misericordiæ colliguntur, quia non est qui intelligat : a facie enim malitiæ collectus est justus. — *Psalm.* Beatus vir qui timet Dominum : in mandatis ejus volet nimis. Gloria Patri. Justus.

ORATIO. Deus, qui beato Annemundo Pontifici nostro, pro sollicitudinis pastoralis et patientiæ suæ merito, martyrii gloriam contulisti : da, quæsumus, ut de hostibus nostris, mundo, carne et diabolo, triumphantes, cœlestem gloriam consequamur. Per Dominum (1).

EPISTOLA. B. PAULI APOSTOLI AD PHILIPPENSES. — Fratres, ego didici in quibus sum sufficiens esse. Scio et humiliari, scio et abundare (ubique, et in omnibus institutus sum), et satiari, et esurire, et abundare, et penuriam pati. Omnia possum in eo qui me confortat. Verumtamen bene fecistis, communicantes tribulationi meæ.

GRAD. Qui timet Deum, faciet bona ; et qui continens est justitiæ apprehendet sapientiam.

℣ Firmabitur in illo et non flectetur ; et continebit illum, et non confundetur.

Alleluia, alleluia. ℣ Beati qui persecutionem patiuntur propter justitiam, quoniam ipsorum est regnum cœlorum. Alleluia.

____

(1) Cette oraison paraît, pour la première fois, dans l'édition du missel lyonnais donnée en 1737 par Mgr de Rochebonne. Le reste de la messe sauf l'évangile date de 1771. Voir, à ce sujet, la Genèse de nos missels, dans l'*Appendice,* nº 9.

PROSA.

Donis aræ cumulentur,
Annemundi celebrentur
Martyris præconia.

Pius pater orphanorum,
Et patronus oppressorum,
Fausta tulit præmia.

Puer Christo radicatus,
Et præceptis confirmatus,
Iter rectum tenuit.

Mundum vicit blandientem,
Hunc dejecit et terrentem,
Hujus vana respuit.

Patrum clarâ natus gente,
Vitæ magis sanctitate,
In aulâ resplenduit.

Mente quantum perspicaci,
In arduis et sagaci,
Childeberto profuit.

Cui reges obsequuntur,
Non honores blandiuntur;
Est æternis deditus.

Nobis præsul debebatur,
Dei leges tutabatur,
Fortis, imperterritus.

O Lugdunum, urbs beata!
Quantis donis es ditata!
Parens astat providus.

Sancta morum gravitate,
Tota verbi libertate,
Gregem pascit fervidus.

Choros docet clericorum :
Hìc formaris, lux Anglorum;
Christo sponsus devovet.

Mox à sede provisorem
Plebis almum et tutorem
Furor livens amovet.

Hic Antistes immolatur,
Hunc Wilfridus comitatur;
Vellet ipsi commori.

Deo cuncta postponamus :
Tua, Martyr, teneamus
Facta mente memori. Amen.

EVANGEL. SECUNDUM JOANNEM. — In illo tempore, dixit Jesus
quibusdam Pharisæis : Ego sum pastor bonus. Bonus pastor
animam suam dat pro ovibus suis. Mercenarius autem et qui
non est pastor, cujus non sunt oves propriæ, videt lupum ve-
nientem, et dimittit oves, et fugit; et lupus rapit et dispergit
oves ; mercenarius autem fugit quia mercenarius est et non
pertinet ad eum de ovibus. Ego sum pastor bonus et cognosco
meas et cognoscunt me meæ. Sicut novit me Pater, et ego ag-
nosco Patrem; et animam meam pono pro ovibus meis. Et alias
oves habeo quæ non sunt ex hoc ovili; et illas oportet me ad-
ducere, et vocem meam audient, et fiet unum ovile et unus pastor.

CREDO.

OFFERT. Qui conservat legem, multiplicat oblationem ; sacrificium salutare est attendere mandatis, et discedere ab omni iniquitate.

SECRET. Sicut beatus Annemundus in sacrificio tuo, Domine, sanctus Pontifex, et in confessione tui nominis Martyr invictus extitit, ita nos, hujus oblationis pretio, et pios coram te et pro te fortes gratiæ tuæ virtus efficiat. Per Dominum.

COMMUN. Fortitudo simplicis via Domini, et pavor his qui operantur malum : justus in æternum non commovebitur.

POSTCOM. Tribue nobis, Domine, per hæc sancta quæ sumpsimus, beati Annemundi, Pontificis et Martyris, exempla sectari, qui nos ad gloriam per multas tribulationes promerendam, et hortatu accendit et martyrio roboravit. Per Dominum.

AUX IIes VÊPRES.

ANT. Propter opus Christi, usque ad mortem accessit, tradens animam suam.

ANT. Patienter sustinens, destinavit non admittere illicita propter vitæ amorem.

ANT. Divitias æstimans improperium Christi, aspiciebat in remunerationem.

ANT. Gloriosissimam mortem magis quam odibilem vitam complectens, voluntarie præibat ad supplicium.

ANT. Hoc modo vita decessit, universæ genti memoriam mortis suæ ad exemplum virtutis et fortitudinis derelinquens.

CAPIT. Beatus vir qui suffert tentationem, quoniam, quum probatus fuerit, accipiet coronam vitæ quam repromisit Deus diligentibus se.

HYMNUS.

Tu qui supernis adderis,
Fuso cruore, civibus,
Grex, Annemunde, martyrem
Votis adesse flagitat.

Nihil superbus, inclytâ
Clarus patrum propagine :
Te Christiani nominis
Delectat una dignitas.

Virtute multâ splendidum
Christus coronat infulis ;
Fides triumphat ; hæc novo
Sedes refulget lumine.

Livore succensus furor
Justi tenacem quid premit :
A sede pulsum milites
Duris catenis obruunt.

Securus ad necem volas,
Litaris insons victima :
Wilfridus, Angliæ decus,
Vellet magistro commori.

Da, Christe, tanti Martyris
Æquare facta fortia;
Da sustinere pro tuo
Quodcumque durum nomine.

Æterne tu Verbi Pater,
Æterne Fili, par Patri,
Et par utrique Spiritus
Tibi, Deus, sit gloria. Amen.

℣ Posuisti, Domine, in capite ejus coronam.
℟ De lapide pretioso.

ANT. Justum non dereliquit Deus, donec afferret illi potentiam adversus eos qui eum deprimebant, et dedit illi claritatem æternam.

ORAT. Deus, qui beato Annemundo, etc.

J'ajouterai encore quelques mots sur le pèlerinage, car ce que j'en ai dit jusqu'ici est insuffisant à mon gré.

J'y faisais allusion plus haut, quand j'avançais que le culte des habitants de Saint-Etienne pour saint Ennemond est « aussi ancien que sincère ».

Depuis plusieurs siècles, en effet, et longtemps avant que Mlle de La Veühe élevât une chapelle au saint Martyr, ils montraient pour lui une confiance et une dévotion extrêmes.

Ils étaient alors les visiteurs assidus de saint Ennemond à Saint-Chamond ; et, chaque année, lorsque le 28 septembre ramenait sa fête et son octave, ils étaient fidèles à gravir la colline et à faire leur pèlerinage.

Mais ils ne se trouvaient point seuls.

Alors, comme aujourd'hui, ils coudoyaient dans la chapelle les bons paysans de la Haute-Loire et des autres départements voisins ; et de cette foule compacte montaient vers le ciel bien des supplications.

Je ne sais rien de touchant comme le spectacle offert par tous ces braves gens agenouillés aux pieds de saint Ennemond.

Ils sont là pêle-mêle, avec leurs costumes bigarrés, leur panier de voyage et leur bâton de pèlerin, tantôt absorbés dans leurs prières, tantôt promenant un regard étonné et curieux sur tout ce qui se passe alentour.

Et quand ils ont pieusement baisé la relique et déposé leur modeste offrande, ils se rendent en longue file à la sacristie pour y *donner une messe de roméage*. On surprend alors certains mots d'un pittoresque unique (1).

Les plus aisés ne repartent guère sans s'être munis d'un ou deux petits pains qu'ils font bénir pour leurs bestiaux, ou sans avoir acheté pour la chapelle du saint Martyr un cierge qu'ils y allument.

Quant aux enfants, sur qui l'on fait lire l'évangile de saint Ennemond ou celui de saint Jean, ils sont en nombre considérable.

Aussi, un prêtre, qui venait de parcourir la Bretagne et d'y visiter les sanctuaires en renom, me disait-il, en voyant ce qui se passe chez nous : « Vraiment ! il y a là une foi aussi naïve qu'en Bretagne ! »

Ce sera le mot de la fin, le plus beau et le plus concluant qui se puisse dire, je crois, de notre pèlerinage de saint Ennemond.

---

(1) En voici un que j'entendis moi-même dans la sacristie de Saint-Pierre-Sainte-Barbe, le 3 octobre 1875, jour du *Grand Concours* (dernier jour de l'Octave). — Un vieillard, qui s'aidait de deux cannes pour marcher, s'approche du sacristain ;

« Je voudrais, lui dit-il, donner une messe pour mes bêtes et pour moi ».

« Alors, reprend le sacristain, vous pensez en donner deux ».

« Oh ! non, Monsieur, poursuivit le bonhomme ; mes bêtes et moi, *ça fait la même chose !* »

CHAPITRE TROISIÈME

CULTE DE SAINT ENNEMOND DANS LES DIOCÈSES ÉTRANGERS

Si, du diocèse de Lyon, je rayonne dans les diocèses limitrophes, ceux où le culte du saint Martyr a eu le plus de chance de se propager, je ne trouve guère de lui quelque mémoire que dans le diocèse de Grenoble.

Toutes mes recherches à Autun, à Belley, à Clermont, au Puy et à Viviers, sont demeurées, sinon totalement infructueuses, du moins sans grand résultat.

Seul, un diocèse lointain, celui de Paris, m'a offert des souvenirs vraiment curieux et intéressants ; j'y arriverai tout à l'heure.

L'obligeant secrétaire de l'évêché de Clermont m'écrivait, en septembre : « Il est incontestable que la mémoire « de saint Ennemond a dû être autrefois en vénération « dans plusieurs paroisses de notre diocèse ; mais il n'y « a rien de positif là-dessus, et j'ai en vain, pour vous « être agréable, fouillé dans toutes nos archives ».

Celui de Moulin me répondait, de son côté : « Comme « j'ai eu l'honneur de vous l'écrire, il y a quinze jours, « je me suis adressé à M. le curé de Saint-Ennemond (1),

---

(1) M. l'Abbé Coste, curé à Saint-Ennemond (Allier).

« pour obtenir les renseignements que vous me deman-
« diez. Malheureusement, ces renseignements sont nuls.
« La paroisse de Saint-Ennemond est sous le vocable du
« Saint dont elle porte le nom, et, dans l'église, se trouve
« une relique très-authentique ; mais voilà tout. Il paraît
« qu'un M. Meunier, autrefois curé de Saint-Ennemond
« et actuellement résidant à Paris, aurait emporté avec
« lui tous les documents concernant saint Ennemond,
« pour en faire un petit ouvrage. Ceci, m'assure-t-on, est
« resté à l'état de projet. Quoi qu'il en soit, il ne reste plus
« aucun document. Je regrette de ne pouvoir vous être
« plus utile..... »

A Autun, au Puy, à Viviers, c'est pis encore : aucune paroisse, aucune chapelle n'est sous le vocable de saint Ennemond, et l'*Ordo* ne fait aucune mention de lui.

A Belley, détaché, comme on sait, du diocèse de Lyon en 1823, je trouve du moins, au 28 septembre, mémoire de notre saint Martyr ; mais, là encore, pas une paroisse ne l'a pour patron.

Heureusement, le diocèse de Grenoble tranche sur cette uniformité. Saint Ennemond, il est vrai, ne figure à aucun titre sur l'*Ordo* diocésain ; mais la paroisse de Chambalud (canton de Roussillon) est érigée sous son vocable et célèbre sa fête avec une grande splendeur.

Ancienne église d'un prieuré de Bénédictins qui s'y était établi au xi⁰ siècle et qui, à l'époque de la Révolution, appartenait aux Dames de Saint-Pierre-les-Nonains, Chambalud possède deux reliques de saint Ennemond et a un pèlerinage d'une antiquité fort respectable. On ne s'y rend pas seulement pour la fête du Martyr, mais pendant toute l'année et surtout quatre ou cinq dimanches après Pâques.

Les habitants des environs viennent là faire bénir, outre les graines des vers à soie, du pain et du sel pour les animaux, et de petites brioches pour les enfants.

Si les traditions locales étaient moins affaiblies, peut-être constaterait-on qu'à une certaine époque l'intervention du Saint a préservé les enfants d'une épidémie et les bestiaux d'une épizootie, et ainsi s'expliquerait probablement l'habitude de ces bénédictions diverses.

Quoi qu'il en soit, le culte de saint Ennemond est prospère à Chambalud, et le nombre et la piété des pèlerins semblent promettre qu'il le sera longtemps.

Je termine par le diocèse de Paris.

L'histoire que je vais raconter nous reporte en plein siècle de Louis XIV.

Une Lyonnaise, Marie de Lymagne, s'étant fixée à Paris quelque temps après son mariage avec un sieur Polaillon, conseiller du roi, résolut, dans la suite, d'arracher aux périls du monde les jeunes filles de son quartier.

Mais les dépenses que devaient entraîner leur éducation et leur entretien s'élevant à un chiffre fort élevé, elle revint à Lyon sur le conseil de son directeur, l'abbé Antoine Le Vachet, pour faire appel à la générosité publique (1644).

Là, elle partageait son temps entre des sollicitations à la porte du riche, et des prières ferventes à saint Ennemond, dans l'abbaye des Dames de Saint-Pierre. Elle promettait au saint Martyr de l'établir patron de l'œuvre qu'elle méditait, s'il daignait bénir ses efforts.

La bénédiction ne fit point défaut. Non-seulement Marie rapporta avec elle les ressources suffisantes à l'établissement immédiat de sa congrégation, mais elle reçut encore, à son retour, une somme considérable de son gendre le sïeur Chastelain, secrétaire du conseil.

Evidemment la Providence applaudissait à l'entreprise. Aussi, Marie de Lymagne, tout en donnant à sa maison saint Ennemond pour patron spécial, lui garda-t-elle le titre de *Maison de la divine Providence.*

Les choses allèrent si bien qu'elle dut, au bout de quelques années, songer à étendre son œuvre : le local devenait insuffisant et les demandes d'admission plus nombreuses chaque jour.

Elle se disposait donc à créer une maison nouvelle, destinée celle-là aux toutes petites filles, quand Dieu la récompensa, sans plus tarder, de ses travaux.

Le 4 septembre 1657, elle mourait à Paris en odeur de sainteté, et le Père Dominique le Brun lui donnait, dans son oraison funèbre, le titre de *Vénérable* que ses Religieuses lui ont conservé.

Cependant, le digne prêtre qui l'avait d'abord aidée de ses conseils, se résolut, après quelque hésitation, à ne point abandonner l'entreprise. Il choisit dans toute la maison les deux élèves les plus distinguées de Marie de Lymagne et, avec elles, il fonda à Charonne, près de Paris, un établissement qu'il appela *Seminarium Unionis Christianæ* et dont les membres prirent le nom de *Filles de l'Union chrétienne.*

Le culte de saint Ennemond passa, comme bien on présume, dans la maison nouvelle. Et voici que vingt-cinq ans plus tard, à la suite d'un sérieux développement de la congrégation, la Providence ménagea aux Religieuses l'acquisition d'un édifice qui portait précisément le nom de leur saint Protecteur.

J'ai rapporté, en parlant de Saint-Ennemond à Saint-

Chamond, que le marquis Melchior Mitte de Chevrières était mort dans son hôtel de la rue Saint-Denis.

Or, ledit *Palatium sancti Enemundi* était en vente : c'était une vaste maison, parfaitement établie et d'un prix abordable. Les Filles de l'Union l'achetèrent donc sans hésiter.

L'archevêque de Paris, François de Harlay, leur permit, en 1684, d'y avoir une église, et il vint lui-même, le 16 février de l'année suivante, la bénir et y mettre le Saint-Sacrement. Dès lors, l'hôtel de Saint-Chamond fut la principale maison de leur institut, et, chaque année (1), le 28 septembre y ramena des cérémonies d'un éclat extraordinaire.

J'eus un jour, à Paris, la curiosité de parcourir l'office de saint Ennemond, tel que le récitaient, en ce bon temps, les Filles de l'Union chrétienne. Je le demandai à la bibliothèque nationale, et l'on m'apporta un petit in-12 de cent dix pages, imprimé à Paris avec le millésime 1692. Parmi une foule de passages qu'on croirait copiés de l'ancien office des Dames de Saint-Pierre, je relevai pourtant un certain nombre de pièces propres. On me permettra de citer les plus saillantes :

ANT. Pontificem peremit impius, non [veritus justitiam, et populi moleste ferebant de morte tanti Præsulis injusta.

ŷ Ponite corda vestra in virtute ejus,

ɴ̨ Et distribuite domos ejus ut enarretis in progenie altera.

ORATIO. Salva, Domine, familiam tibi Christiana Unione dicatam ; et, per interventionem beati Martyris Enemundi Pon-

---

(1) L'Almanach spirituel de Paris (année 1697 et suivantes) porte, au 28 septembre : S. *Annemundus* « Archiepiscopus Lugdunensis, Martyr. — Ad Sanctum Annemundum, in platea sancti Dionysii (in qua situm est seminarium), festum titulare, indulgentiæ plenariæ, expositio, concio ».

tificis tui, fac ut, remoto omni contentionis periculo, voluntaria te confessione in æternum glorificet. Per Christum Dominum nostrum. Amen.

Prière contre l'épilepsie :

ORATIO. Vide, Domine, infirmitatem nostram, et intercedente beato Enemundo, Martyre tuo atque Pontifice, celeri nobis pietate succurre. Per.

Voici comment on faisait mémoire du saint Martyr :

ANT. AD VESP. Erat domus in qua electæ virgines servabantur: hic curam gerebat salutis eorum.

℣ Educens Dominus vinctum in fortitudine,

℟ Dabit verbum evangelizantibus.

ORATIO. Salva, Domine, familiam tuam...

ANT. AD LAUD. Persecutores apprehenderunt eum inter angustias : sacerdotes ejus gementes ; virgines ejus squalidæ.

℣ Loquebar de testimoniis tuis in conspectu regum,

℟ Et non confundebar.

ORATIO. Sancti Enemundi in æternum te laudantis, quæsumus, Domine, suffragiis adjuvemur et meritis protegamur. Per...

HYMNE DES VÊPRES.

En te, supernis addite civibus,
Quam clara fusi purpura sanguinis
   Ornat, triumphantem salutant
     Unanimes, Enemunde, turbæ.

Cedis coactus : te pia civitas,
Vocante Christo, Pontificem petit :
   Tuisque summo de theatro
     Quàm meritis radiat tiara !

Non intumesceris stemmate nobili,
Prolemque sacro flumine regiam
   Qui sustulisti, fide sponsor
     Non titulo tibi plaudis alto.

Certis puellas ædibus aggregans,
Custos gubernas virgineos greges,
   Compage quos tu christiana
     Quosque pari pietate jungis.

Laus summa Patri summaque Filio,
Tibique sit par laus quoque, Spiritus,
   Afflante quo, pax alma replet
     Corda piis sociata vinclis. Amen.

HYMNE DE MATINES.

Turmas sorores antevolant sacras ;
Casto coruscas tu jubar agmini ;
Ovile concors, te Magistro,
Non rabidos metuit leones.

O qui micanti cingeris infulâ,
Nostras perenni fœdere Numini
Conjunge mentes, nuptialem
Da Superûm penetremus aulam.

Laus summa Patri, etc.

HYMNE DE LAUDES.

Quid prædo frendens insidias parat?
Quid te, Sacerdos, immeritum premit ?
Nil mentis altæ, quidquid ausit,
Intrepidam labefactat arcem.

Pulsum sacrato te solio feri
Strinxere durâ compede milites :
Nostrisque nigrantes acutis
Transadigunt gladiis per umbras.

Tot tela, Pastor, strenuus excipis,
Plangunt alumni, lux simùl Angliæ
Wilfridus ingens ; urbsque tota
In lacrymis resoluta squallet.

Tum luctuosus grex quoque virginum
Sacrata templo pignora colligit,
Cœlique spectandum paternos
Depositum veneratur artus.

Laus summa Patri, summaque Filio,
Tibique sit par laus quoque, Spiritus,
Afflante quo, pax alma replet
Corda piis sociata vinclis.
Amen (1).

C'est triste à constater ; mais, de tout cela, il ne reste
plus que des souvenirs ; à Paris comme en province,
presque toujours et partout, rien que des souvenirs !...
La congrégation des Filles de l'Union chrétienne a cessé
d'être (2); et leur demeure, l'antique hôtel de Saint-

---

(1) L'archevêque de Paris approuva tout l'office, le 29 août 1692.
(2) Il existe, aux Archives nationales, des documents nombreux sur cette
maison célèbre : avis aux hommes d'étude et de patience.

Chamond, a fait place à une construction toute moderne qui porte, dans la rue Saint-Denis, le n° 374.

Plus heureuse, au milieu de tant de ruines, l'église se trouve encore debout; elle fait actuellement le coin de la rue de Tracy (1).

---

(1) *Cf.* BORDIER, *les Eglises et Monastères de Paris*, Paris, 1856, in-8° ; et COCHERIS, *Histoire de la Ville et du Diocèse de Paris*, par *Lebeuf*, Paris, 1867, t. III, p. 330 et 355-357.

APPENDICE

PIÈCES JUSTIFICATIVES

PIÈCES JUSTIFICATIVES

1.

Primatie de Lyon.

« L'Église de Lyon, » a écrit quelque part le savant abbé Glaire, « passe avec raison pour la première et la plus ancienne des « Gaules (1) ».

« *Avec raison* » est le mot juste. Mais, quelque exact qu'il soit, il appelle cependant un certain nombre d'explications propres à mettre la vérité dans tout son jour.

Car l'assertion de l'ancien Doyen de la Faculté de Théologie de Paris soulèverait à coup sûr mainte réclamation dans un département voisin du nôtre (2) ; et, sans qu'il soit besoin de chercher au dehors des contradictions, la lettre adressée, il y a environ un an, par M. Ed. de Rostaing à un journal de notre ville, prouve aussi que, même parmi nous, il se trouve encore des gens à convaincre.

« Lyon », écrivait en effet le baron à M. Ch. Garnier, le 2 déc. 1875, « Lyon *se souvient trop* qu'il a donné son nom aux quatre

---

(1) *Dictionnaire universel des Sciences ecclésiastiques*, t. II, p. 1329.

(2) Les habitants du Dauphiné, en général, et ceux de l'Isère en particulier, prennent chaudement fait et cause pour la primatie de Vienne ; ils font sonner très-haut le titre de *Primat des Primats* que portait au moyen âge l'archevêque de cette ville.

« Lyonnaises et que, dans le onzième siècle, l'archevêque de
« Lyon a été nommé Primat des Gaules..... Lyon, *à la longue, a*
« *supplanté* la ville de Vienne, dont l'archevêque était *Primat*
« *des Gaules, bien des siècles avant celui de Lyon.....* »

Ces paroles valurent à leur auteur une leçon d'histoire qui
coupa court à toute réplique (1).

Il est donc superflu d'insister ; mais, pour résoudre d'avance
toute objection du même genre, autant que pour expliquer le
dire de M. l'abbé Glaire, on va grouper et présenter ici les
titres principaux de la Primatie de Lyon.

Dans les premiers temps du christianisme, il n'y avait ni pa-
triarches, ni exarques, ni primats, ni métropolitains, ni archevêques : on ne connaissait que des évêques, et le Pape lui-même
s'appelait l'Évêque de Rome.

Ce ne fut guère qu'au IVᵉ siècle que se généralisa l'emploi de
ces différents qualificatifs.

Alors, d'après la décision du Concile d'Antioche, l'évêque de
la ville métropole ajouta à son nom d'évêque celui de métropolitain. Sa résidence dans la métropole offrait en effet aux
autres évêques de la province plus de facilité pour conférer
avec lui ; et c'est du même centre que pouvaient encore le
mieux se répandre les lumières de l'Évangile. Aussi, l'Église
métropolitaine devenait-elle ordinairement la mère et la fon-
datrice de la plupart des autres Églises de la province.

En Orient, lorsque l'empire fut divisé en diocèses, l'évêque de
chaque ville capitale reçut le nom de *patriarche* ou d'*exarque* et
eut sous sa juridiction les métropolitains. (2)

En Occident, bien que le nom de patriarche soit plus spécialement réservé au Pape, nous voyons les rois d'Italie, Goths
et Lombards, conférer ce titre anx métropolitains de leurs
États.

En France enfin, Gontran, roi de Bourgogne, nomme patri-
arches les deux métropolitains de Lyon, Priscus et Nicétius ;
et Rodolphe, archevêque de Bourges, prend aussi le même nom.

---

(1) Voir la *Décentralisation* du 5 décembre 1875.

(2) L'exarque était l'égal du patriarche pour la juridiction ; il ne différait de
lui que par le rang.

La dignité de Primat qui, dans la suite, remplace celle de patriarche, servit à marquer soit la supériorité de juridiction d'un archevêque sur d'autres archevêques et évêques, soit l'ancienneté de l'ordination des évêques et l'antiquité des Églises. C'est en ce dernier sens que le mot s'employait souvent en Afrique, où l'on voit l'évêque d'une simple bourgade jouir quelquefois de la Primatie (1). Mais, d'ordinaire, à l'idée de Primatie était unie presque inséparablement l'idée d'une juridiction sur les autres évêques. Le Primat était donc un métropolitain jouissant d'une prééminence spirituelle en même temps qu'honorifique ; il avait certains priviléges particuliers, comme de consacrer les autres métropolitains, de convoquer les conciles nationaux, de recevoir les appels, etc.; et, les droits du Saint-Siége réservés, c'était une véritable autorité qu'il exerçait sur les évêques soumis à sa Primace (2).

Avec le cours du temps, la haute valeur de la dignité primatiale s'évanouit et se transforma presque partout en un privilége purement honorifique. Et aujourd'hui, les droits et pouvoir des Primats ne répondent plus à la magnificence du titre : c'est un simple souvenir d'une grandeur qui n'est plus.

Ces explications données, cherchons à établir comment Lyon fut réellement le premier siége primatial des Gaules.

A ne consulter que l'ancienneté des titres, la question de Primatie est évidemment tranchée en faveur de Lyon.

L'archevêque de Vienne ne fut *nommé* à la dignité de Primat qu'en 1120 par le pape Calixte II ; tandis que le métropolitain de Lyon avait, dès 1079, été *confirmé* dans la Primatie par Grégoire VII.

Je souligne à dessein les deux termes.

C'est vainement, en effet, que Guy-Allard (3) prétend prouver

---

(1) *Cf.* Migne, *Encyclopédie, Droit canonique*, 2e vol., col. 882, sq.

(2) *Cf.* Goschler, *Diction. encyclop. de la Théologie cath.*, t. XIX, p. 129.

(3) Guy-Allard a été réédité, en 1864, par M. Gariel. L'ouvrage, intitulé *Bibliothèque historique et littéraire du Dauphiné*, forme trois tomes : c'est au second (col. 51, sq.) que se lisent ces singulières assertions. Personne n'ignore du reste que Guy-Allard a, comme La Mure et plus encore que lui, besoin d'être rectifié fréquemment ; il est, en outre, passablement incomplet et

que les archevêques de Vienne ont porté ce titre bien avant le XIIe siècle.

Qu'importe, je le demande, s'ils ont eu quelque discussion de suprématie avec l'archevêque d'Arles ou celui de la Tarentaise ; si Vienne a été, au temps de Constantin, établie la première des *villes* en dignité (1) ; ou si les papes se sont adressés parfois à ses archevêques pour faire exécuter les résolutions des conciles ? Cela prouve incontestablement l'importance du siége et de la ville de Vienne et le haut rang qu'ils occupent dans la Gaule *Narbonnaise* ; mais loin d'y contredire, nous en convenons les premiers. Le point en litige n'est pas là. Il s'agit de fixer avec précision la date à laquelle la primatie de Vienne a été établie par le Pape sur les six églises de Bourges, Bordeaux, Auch, Narbonne, Aix et Embrun. Or, Guy-Allard omet précisément le seul texte décisif, celui du pape Calixte II qui avait été, on le sait, archevêque de Vienne, avant de monter sur la chaire de saint Pierre.

Guy-Allard n'est pas plus heureux quand il entreprend de montrer, en s'appuyant sur la chronologie d'Adon, que Vienne eut un évêque longtemps avant Lyon, et, partant, que l'antiquité de la première église est bien plus grande que celle de la seconde.

Toute cette histoire roule sur une interprétation fautive du mot *Galatiam*. La IIe Épître à Timothée porte : « Abiit Crescens in Galatiam ». On a traduit bravement *Galatiam* par *Gaule* et l'on a fait de S. Crescent le premier évêque de Vienne ! — Que des auteurs anciens aient pu commettre cette méprise, on le comprend encore ; mais que, de nos jours, on réédite, sans critique, de semblables erreurs, c'est un peu bien inexcusable (2).

---

incorrect, et a une tendance prononcée à voir des *héros* partout : c'est le nom qu'il donne à Charles du Puy, seigneur de Montbrun; au président de Calignon, chancelier de Navarre et à tutti quanti ; il n'hésite pas à qualifier le président Salvaing de Boissieu du titre de « glorieux ornement de sa patrie » ; quant au baron des Adrets, c'est pour lui un « homme illustre et un héros ! »

(1) Il y avait déjà trois siècles que l'empereur Auguste avait élevé « Lugdunum », la colonie de Plancus, au rang de métropole.

(2) J'ai entendu bien des hommes érudits regretter que l'auteur de *Saint Pothin* ne se soit pas mis en garde contre ce piége. Lui aussi traduit *Galatiam*

Quant au titre fastueux de *Primat des Primats*, que prit au
XIIe siècle l'archevêque de Vienne, je n'y ferais point attention, s'il
se trouvait seul (1). Mais voici que Guy-Allard insère dans son
livre un fragment des commentaires de Meraud Morel, official
de l'évêché de Valence, sur une bulle du pape Léon X, et nous
donne l'entrefilet suivant : « Viennensium archiepiscopus *maximus* Galliarum primas appellatur et *Lugdunensem præcedit* »

Affirmer coûte peu : mais où sont les preuves?... De telles
assertions devraient être, ce semble, appuyées sur des faits, et
je n'en vois aucun.

Où donc, en quelle rencontre et à quelle époque, l'archevèque
de Vienne a-t-il eu le pas sur celui de Lyon ?

Je le demande inutilement à Morel l'official, à Guy-Allard et
à M. H. Gariel : l'un a copié l'autre, et l'écho a répété *Lugdunensem præcedit.*

A Lyon, point d'écho ; mais des faits.

En voici, par douzaine, tant sur l'antiquité même de la primatie, c'est-à-dire, de la supériorité de juridiction ou d'honneur
exercée dans les quatre Lyonnaises par nos Prélats, que sur son
exercice constant :

1° IIe SIÈCLE (2). Un canon du Concile de Lyon, tenu sous
saint Irénée, porte : « Visum est Irenæo et cæteris, quibus *præest*
Galliæ episcopis (3)..... » — Eusèbe dit, au ch. XXIV de son *His-*

---

par *Gaule* (p. 202). Il faut toutefois rendre au P. Gouilloud cette justice que,
s'il voit dans Vienne une église de fondation apostolique, il ne reconnaît, de
Vienne sur Lyon, aucune primauté hiérarchique. « Cette primauté », dit-il,
« n'existait pas (II° s.) et n'a jamais existé ».

(1) Ce titre ne prouve absolument rien contre la Primatie des Gaules, dont
Lyon s'honore. Il ne vient pas d'une comparaison entre Vienne et Lyon, mais
entre Vienne et les deux archevèques de Bourges et de Narbonne, qui avaient,
le premier, la primatie d'Aquitaine, et le second, la primatie sur Aix (décret
d'Urbain II) : Vienne était donc ainsi le Primat de deux Primats.

(2) Faustin, qui gouvernait l'Eglise de Lyon vers 255, dénonce au pape, en
son nom et *au nom des évéques des Gaules*, l'évèque d'Arles, Novatien, tombé
dans l'hérésie.

(3) On s'est appuyé jusque sur la lettre écrite par les fidèles de Vienne et de
Lyon à leur frères d'Asie, après le martyre de saint Pothin, pour défendre le
Primas Primatum et démontrer que Vienne eut le premier rang et le pas sur
toutes les Eglises des Gaules. Dans cette lettre, en effet, le nom de Vienne
est mis avant celui de Lyon : Οἱ ἐν Βιέννῃ καὶ Λουγδούνῳ τῆς Γαλλίας παροικοῦντες

toire : « Extat quoque epistola Ecclesiarum Galliæ quibus *præ- erat* Irenæus ».

2° VIe Siècle. Saint Loup *préside*, en 540, le 2e Concile d'Orléans, *comme évêque de Lyon*.

3° Neuf ans plus tard (549), saint Sacerdos *préside*, au même titre, le 5e Concile d'Orléans.

4° En 581, saint Prisque *préside* encore le Concile de Mâcon, et les Actes du Concile lui donnent le titre de *Patriarche*.

5° Dans le même siècle, l'historien Grégoire de Tours appelle saint Nizier *Patriarche* de Lyon.

6° VIIe Siècle. Gaudéric *préside* le Concile de Châlon.

7° IXe Siècle. L'empereur Lothaire, dans un rescrit adressé en 854 à saint Rémy, appelle Lyon *la première église des Gaules ;* et, quelques quarante ans plus tard, Aurélien reçoit au Concile de Chalon-sur-Saône le titre officiel de *Primas totius Galliæ*.

8° Une monnaie, frappée sous le règne de Charles le Chauve, porte *prima sedes Galliarum* (1).

9° Au 2e synode de Châlon (894), Aurélien, archevêque de Lyon, est appelé *Primat de toutes les Gaules*.

10° XIe Siècle. Le Comte de Forez, Gérard II, présente son fils, en 1034, pour occuper la dignité métropolitaine *primatiale* des Gaules.

δοῦλοι Χριστοῦ, κ. τ. λ.; mais qu'en conclure, sinon que la lettre a été à peu près sûrement écrite à Vienne, où l'on avait moins eu à souffrir de la persécution de Marc-Aurèle ?... Plus tranquilles et moins décimés que les chrétiens de Lyon, ceux de Vienne, οἱ ἐν Βιέννῃ, se chargent de raconter les glorieux combats que sortent de combattre Attale et le diacre Sanctus, et, avec eux, les fils de saint Pothin ἐν Λουγδούνῳ παροικοῦντες. Voir dans cet arrangement des noms propres, Βιέννῃ, Λουγδούνῳ, une question de hiérarchie, c'est ne rien comprendre aux sentiments qui dictèrent cette lettre admirable.

(1) Il y a, sur cette monnaie, un L traversé, par le haut, d'un trait qui forme une espèce de croix : c'est le monogramme de la ville de Lyon. Au-dessus se lisent, en légende, ces mots : *Prima sedes*. Sur le revers, est une croix patée avec ce mot : *Galliarum*. Un auteur du commencement du XIIIe siècle, qui a écrit la vie de Philippe Auguste dont il fut contemporain, a donné la description de cette ancienne monnaie et parle, en ces termes, de la Primatie :

> Et Lugdunensis, quo Gallia tota solebat,
> Ut fama est, pastore regi, causasque referre
> Difficiles, ut ibi lis ultima litibus esset.
> Nec mittebatur Romam lis ulla, nisi quam
> Lugdunense forum per se finisse nequisset.

11° Grégoire VII *confirme*, par un bref à saint Jubin (12 kal. Maij 1076), les droits du siége de Lyon, *comme étant établis d'ancienneté*.

12° Un décret d'Urbain II et du Concile de Clermont confirme les droits de *Primat* à Hugues, archevêque de Lyon, et à ses successeurs canoniquement élus, *in perpetuum* (1095). Le texte de la bulle a un mot très-expressif : « Lugduni Ecclesiæ *restitutus est* primatus super Senonensem..... »

13° XII° SIÈCLE. Saint Bernard écrit aux chanoines de Lyon : « Il est constant que l'église de Lyon *a possédé jusqu'ici la pré-*« *éminence* par-dessus les autres, aussi bien en ses louables « institutions qu'en *la dignité de son siége* (1) » (Let. 174°).

14° XIII° SIÈCLE. L'archevêque Aymard, ayant reçu la garde du prochain Concile général de Lyon, commence ainsi une lettre à son Chapitre : « Nos, Aymarus, divina miseratione *prime* Lugdunensis Ecclesiæ archiepiscopus..... » (1274).

15° XIV° SIÈCLE. Philippe le Bel, dans les instructions qu'il donne à ses ambassadeurs pour Clément V (1307), infère le maintien de la *Primatie* comme condition du traité qui doit le mettre en possession de Lyon.

16° Avant le traité du 10 avril 1312, qui réunit définitivement Lyon à la couronne, le chapitre de Lyon se montrait peu empressé à reconnaître l'autorité royale. Un procureur du roi dans le bailliage de Mâcon, M° Thomas de Pouilly, chargé de faire des recherches, écrivit : « .... Lorsque les abbayes de l'Ile-Barbe et de Saint-Just acceptent la souveraineté du roi, n'y a-t-il pas lieu de s'étonner de voir le chapitre de S.-Jean de Lyon se refuser à reconnaître la garde du Roy ? Lui surtout dont la monnoie porte ces mots : *Premier siége des Gaules*, et dont l'Eglise est décorée du même titre dans les registres de la cour de Rome ! »

17° Dans sa lettre du 24 avril 1312 à l'abbé d'Ainay, Philippe le Bel reconnait la *Primace* de l'Eglise de Lyon : « ... Scire vos « volumus quod cum nos, ex causa permutationis, a dilecto et « fideli nostro archiepiscopo *prime* Lugdunensis Ecclesie...(2)».

---

(1) « Inter Ecclesias Galliæ constat profecto Lugdunensem anteire sicut dignitate sedis, sic honestis studiis ».

(2) *Cf.* A la Biblioth. de la ville de Lyon, coll. Coste, n° 450, grand cartulaire d'Ainay, f° CCXII, 7°.

18° XVe SIÈCLE. Deux arrêtés du Parlement de Paris (1437, 1468) témoignent de la *Primatie* du siége de Lyon.

19° XVI° SIÈCLE. Dans un lit de justice, tenu à Paris le 16 novembre 1527, la préséance est accordée à l'archevêque de Lyon comme étant *au-dessus de tous les autres archevêques de France.*

20° XVII° SIÈCLE. Lors de son entrée à Lyon (1622), Louis XIII fit cette réponse à Hector de Crémeaux, comte de Lyon et Doyen du Chapitre, qui le haranguait : « Messieurs, je vous remercie de votre bonne volonté, et, vous reconnaissant pour *la première Eglise de mon Royaume,* je vous prends en ma protection et me recommande à vos prières ».

21° Quand, la même année, l'évêché de Paris fut distrait de la métropole de Sens et érigé en archevêché, ce fut à la condition expresse que la nouvelle métropole relèverait immédiatement de la *Primatie* de Lyon et lui demeurerait soumise. La bulle de Grégoire XV est formelle : « .... Ita tamen quod Ecclesia ipsa Parisiensis Ecclesiæ *Primatiali* Lugdunensi et illius archiepiscopo , *ad instar* dictæ Ecclesiæ Senonensis (1), subjacere debeat ».

22° Une sentence, rendue par le conseil du Roy, le 27 septembre 1665, reconnaît la *Primatie* de l'Eglise de Lyon.

23° Quand, grâce à des influences dont son nom suffit à caractériser la portée, messire Jacques-Nicolas Colbert, arche-

---

(1) S'il est vrai de dire que les prélats d'Auch, Bourges, Narbonne, etc., ne tinrent aucun compte de la primatie de Vienne et laissèrent à l'archevêque de cette métropole le stérile honneur du titre pompeux que nous connaissons, il faut savoir reconnaître aussi que la Primatie de Lyon ne fut pas supportée sans impatience par les archevêques des trois autres Lyonnaises. Mais, tandis qu'on se préoccupe très-peu, à Rome et en haut lieu, de savoir si l'archevêque de Vienne et celui d'Arles ou de Narbonne sont en tiraillements de primatie, nous voyons le pape Urbain II et le concile de Clermont (1095) dépouiller du pallium Robert, métropolitain de Sens, qui opposait une résistance très-vive à la *Primatie* de Lyon. Cette punition ne corrigea pourtant pas ses successeurs : toujours ils eurent une peine excessive à accepter la suprématie de notre Primat. Il en fut de même à Rouen. Quant à Tours, ses archevêques se soumirent de plein gré, et ce n'est guère qu'au siècle dernier que des tentatives furent faites en sens contraire. Ces différentes métropoles prirent du reste peu à peu elles-mêmes le titre de *Primat ;* elles auraient pu ainsi fournir aux archevêques de Lyon, avec autant de raison qu'à Vienne, un prétexte honnête pour se nommer *Primat des Primats.*

vêque de Rouen, eut réussi à détacher son siége de la juridiction de l'archevêque de Lyon (1702), Mgr de Saint-Georges lui prouva sans peine non-seulement que l'Eglise de Rome avait accordé à Lyon un supériorité de juridiction sur les évêchés et archevêchés de France établis dans l'ancienne Gaule Celtique, mais encore, que cette *Primatie* est bien antérieure à la confirmation qu'en fit Grégoire VII. Ce curieux procès dura cinq ans (1697-1702) et fut terminé le 12 mai par un arrêt du conseil du Roy, en faveur de Mgr Colbert (1).

24° XVIIIᵉ SIÈCLE. On voit, dans une lettre de Mgr de Montazet écrite à l'archevêque de Paris et imprimée à Lyon chez Valfray, en 1760, que nos Prélats étaient dans l'habitude de défendre leurs droits à une suprématie réelle sur les autres églises de France. Les Hospitalières du faubourg Saint-Marceau s'étant adressées, dans un conflit avec l'archevêque, à Mgr de Montazet comme à la plus haute autorité religieuse du royaume, ce dernier rendit son jugement, en qualité de Primat, et le jugement fut exécuté. Mais l'archevêque de Paris contesta cette autorité, et ce fut, pour Mgr de Montazet (2), une nécessité de lui rappeler les titres constitutifs de ses droits, et une occasion de recevoir du pape Benoît XIV un bref qui confirmait le siége de Lyon dans son nom et ses prérogatives de Primat (3).

---

(1) Rouen s'appela *Primat de Normandie*. Longtemps auparavant, Sens s'était intitulé *Primat des Gaules et de Germanie*. Bourges, établi dans la primatie par Charlemagne et confirmé par les papes Eugène III et Grégoire IX, se nommait *Primat des Aquitaines*. Arles signait *Primat de la Gaule Wisigothe*, et Reims *Primat de la Gaule Belgique*. Quand Bertrand de Goth eut ceint la tiare sous le nom de Clément V, il donna au siége de Bordeaux, qu'il quittait, le titre de *Primat d'Aquitaine* (1306).

(2) Mgr Montazet était alors évêque d'Autun ; mais il jugea néanmoins en qualité de Primat, parce que, pendant la vacance du siége de Lyon, l'évêque d'Autun, premier suffragant, avait la *Régale* ou administration spirituelle et temporelle du diocèse.

(3) Pendant tout le XVIIIᵉ siècle, c'est-à-dire à dater de l'heure où la métropole de Rouen fut distraite de la Primace de Lyon, nos archevêques portèrent le titre de *Primat de France*. C'est Mgr Fesch qui a repris l'ancien nom de *Primat des Gaules* (1801). Le tribunal primatial connaissait des causes qu'on y portait par appel de l'officialité métropolitaine de Lyon et de celles de Paris, Sens et Tours. Car il existait à Lyon deux officialités : l'une, *ordinaire*, qui

25° XIXe Siècle. En vertu des Bulle, Décret et Arrêté consulaires du 19 avril 1802 (29 germinal an x), toutes les Primaties de France étaient déclarées éteintes et supprimées. Aussi, lorsqu'au Concile national de 1811, où il venait d'être élu président par acclamation, le cardinal Fesch refusa d'accepter cette élection en prétendant que la présidence lui revenait de *droit* comme *Primat des Gaules* et archevêque de la plus ancienne Eglise de France, le cardinal Cambacérès se leva et répondit que tous les siéges actuels de l'empire étaient de la même date et ne remontaient pas au delà du Concordat. Mais la *grande majorité* des évêques pensa autrement et attribua la *présidence* au siége de Lyon, comme le plus ancien de France. Inutile de dire que la Bulle qui a supprimé les primaties n'est pas exécutée.

26° Les *Institutiones juris canonici* de J. Devoti, publiées à Rome, en 1816, *avec approbation*, portent à la page 216 du tome premier : « Primates præsunt omnibus metropolitis atque provinciis regni aut nationis ubi primatum habent : hujusmodi sunt Antistites Bituricensis, Lugdunensis, Toletanus, Salisburigensis, Pisanus aliique quibus a metropolis concessæ sunt approbationes et jus anteferendæ crucis datur : sed, hodie, tantum *Primati Lugdunensi reliquum est jus appellationum* : cæteri solum honoris prærogativam habent ».

27° Le Pape Pie IX a reconnu, en 1851, par un bref spécial, le titre de *Primat des Gaules* que l'archevêque de Lyon prend dans ses actes officiels. Ce titre, il est vrai, n'emporte pas comme autrefois une juridiction sur les quatre Lyonnaises;

---

connaissait, en première instance, de toutes les causes personnelles des ecclésiastiques, civiles et criminelles, de ce qui regarde le lien du mariage, les vœux de religion et autres matières spirituelles ; on en appelait à la seconde officialité : l'autre, *métropolitaine*, connaissant des causes qu'on y portait par appel de l'officialité ordinaire de Lyon et de celle des suffragants ; on en appelait à l'officialité primatiale. Le chapitre de la Primatiale se composait de trente-deux chanoines ayant la qualité de comtes de Lyon et tenus de faire preuve de seize quartiers de noblesse, tant du côté paternel que maternel : le roi était de droit premier chanoine. Aujourd'hui tous les chapitres des métropoles comptent neuf chanoines : par exception, Lyon en a dix et la capitale seize ; mais l'Eglise cathédrale de Lyon porte en France, exclusivement à toute autre, le nom de *Primatiale*.

mais c'est un souvenir et comme un monument de la haute puissance que l'Eglise de Lyon a si longtemps exercée sur les quatre métropoles de Paris, Rouen, Sens et Tours.

Aussi, mis en face de tous ces témoignages, le *Lugdunensem præcedit* de Vienne me semble-t-il faire bien triste figure. Guy-Allard n'eût point dû donner place dans son livre à ce mot pompeux, et gâter, par une addition fautive, le titre de Primat, si beau d'ailleurs en lui-même, que la bulle de Calixte II avait dûment établi pour l'Eglise de Vienne.

Je ne suppose pas, en effet, qu'il faille voir percer sous ce *præcedit* une mesquine et vulgaire rivalité : ceux-là seuls auraient eu à en souffrir, chez qui aurait pu naître ce sentiment peu avouable.

Quant à l'Eglise de Lyon, elle ne jalouse personne, pas plus qu'elle ne cherche à porter ombrage. Fière de son passé, sans toutefois « s'en trop souvenir » et en être orgueilleuse, elle envisage l'avenir avec confiance, parce que l'avenir n'appartient qu'à Dieu. Pour le présent, il lui suffit d'être « la plus pieuse, la plus féconde en œuvres et la plus catholique Eglise de notre beau pays (1) ».

2.

Testament de saint Ennemond.

Præceptum quod fecit S. Annemundus pro monasterio S. Petri puellis, Lugduno civitate. (Ex Archivo S. Petri Lugd., ad lib. IV, nº 25).

Ego Annemundus, sancti Stephani protomartyris Lugdunensis ecclesiæ, primæ sedis Galliarum, archiepiscopus, omnibus fidelibus, tam præsentibus quam futuris, notum facio quod, rogatu mei prædecessoris beatæ memoriæ Viventioli, ejusque

---

(1) Oraison funèbre de Mgr Ginoulhiac, par Mgr Cotton (14 janv. 1876). — Dans une lettre récemment publiée (juillet 1876), Mgr Lavigerie, archevêque d'Alger, appelle le grand séminaire de Lyon une « Pépinière de Martyrs ».

ecclesiæ archiepiscopi, qui me præfatæ ecclesiæ, se vivente, archiepiscopum ordinavit et in monasterio sancti Petri puellis monialibus permanentibus plura beneficia ministravit ; super hæc omnia consideravi optimum fore eidem monasterio operam meam dare ; propter meas duas sorores quæ illic assiduis precibus parentum meorum, videlicet Sigoni et Petroniæ, sacrum velamen consecutæ sunt : una quarum *Petronilla*, et alia *Lucia* vocabatur. Parentes vero mei, cum ad finem sui examinis pervenire se cernerent ; tam me, quam fratrem meum nomine Dalfinum, oculos nostros ipsi monasterio apertos tenere monuerunt ; ut Deus tam sibi quam suis parentibus, videlicet vivis et defunctis misereri dignaretur rogavere. Hujus rei non immemor, dum incolumis permaneo, petitionem patris ac matris implere desiderans, eidem monasterio de meis facultatibus quæ ad me pertinent in perpetuum dono. Do autem, in episcopatu Genevensis Ecclesiæ, ecclesiam mei juris in honore S. Petri dedicatam, cum omni ejusdem honore ad me in eadem regione pertinente, cum beneficiis, et decimis, et sepulturis, quæ omnia ad ipsam ecclesiam pertinent. In pago vero Viennensi, in loco qui vocatur Turris-de-Pino, circumquaque do omnes honores meos illic ad me pertinentes. In omnibus supradictis honoribus villicos rogatu abbatissæ ejusdem monasterii, nomine *Radagundis*, atque congregationis ejusdem loci disposuimus, qui fideliter census et tributa quærerent, ac fideliter prædictæ abbatissæ, tam sibi quam subsequentibus redderent. Simili modo Animoniæ abbatissæ supradictæ nominatæ congregationis ejusdem loci constituimus villicos in parochia quæ dicitur *Marines*, necnon in vico qui vocatur *de Loimipagus*, atque in villa *de Brego* villicum, ut. qui introductus fuerit, centum solidos abbatissæ daret ; subvillicus sexaginta. Similiter et in mutatione abbatissæ. In perceptione autem bonorum, ut abbatissæ atque congregationi monasterii super altaria juramenta fidelitatis facerent, fideliterque tenerent. Institutio autem hæc facta est ut villicus, quocumque loco abbatissa juberet, pergeret : subvillicus ipso absente præcepto abbatissæ atque villici utilitates terrarum fideliter procuraret ac dispensaret. De terris quoque arandis, buas ad arandum utiliores cernerent, exceptis his quæ abbatissa ad utilitatem monasterii procurare fecerit tali pecto ad villico et ad subvillico tali modo pertineant. Quod si illi qui acceperint, ædificationem aliquam fecerint, ædificatio ipsi monasterio revertatur : si vero vendere voluerint, prius abbatissam quam alium submoneant, eique levius vendant. Villicus autem aut subvillicus super extollentiam oculorum contra abbatissam si subire cœperunt aut aliquid indecens violenter egerunt ; prius trina peracta invocatione capituli ipsius monasterii, abbatissæ rectum facere si recusaverint, ab omni munere amicis tradito expellantur : abbatissa autem utiliores sibi perquirat. Parochiam de Marines cum ecclesia beati Johannis Evangelistæ, et *Dolomicuraticum* vicum cum ecclesia beati Petri, et terris, et mansis, et nemoribus atque silva *Bregonensis* cum concursibus aquarum, terrasque *Trequafenses* atque terras Bregonenses dedit Albertus nobilissimus vir monasterio beati Petri puellarum, qui unus ex primis conversus exstitit non post multum tempus passionis sancti Irenæi sociorumque ejus, propter duas filias, quas ibi sacrare fecit. Una vocabatur Radagundis, atque altera Aldagundis, atque Pernetam filiam fratris sui, nomine Silvini, quam pater moriens in tutelam ejus dereliquit, et aliam nomine Sibyllam similiter consecrare fecit. Villam autem *Increratam* cum ecclesia duo nobiles beato Paulo dederunt, quorum unus vocabatur Radulphus et alter Constantinus. Hoc donum factum est propter duas suas filias, quarum una vocabatur Raimunda et altera Vandamodia. Hæ, Deo disponente, ejusdem monasterii una post aliam abbatissæ factæ sunt. Hi supradicti dona dederunt præfata quod nos confirmamus. Insuper et de bonis nostris augmentamus ; scilicet paratas supradictarum ecclesiarum et decimationes omnium vinearum illarum, et oblationes vivorum, et tumulationes defunctorum ad illas pertinentium eis donamus. Hæc autem Deo annunte et disponente a me ordinata sunt in præsentia capituli ejusdem monasterii. Si quis autem hæc decreta a me constituta aliqua præsumptione violaverit, ex parte Dei omnipotentis, Patris, et Filii, et Spiritus sancti, et beatæ Mariæ, matris Domini nostri Jesu Christi, et S. Petri Apostolorum principis, et omnium sanctorum Dei excommunicamus illum, atque anathematizamus illum donec ad emendationem tam abbatissæ quam congregationis in capitulo ejusdem monasterii venerit.

3.

Adieux de saint Ennemond à son peuple.

Pendant que les sicaires d'Ebroïn se livrent dans Lyon à des actes de pillage et pressent Ennemond de partir, celui-ci célèbre une dernière fois le saint Sacrifice en présence de ses ouailles. Il recommande à Dieu son âme, comme il le ferait pour l'âme d'un fidèle défunt, et, après la communion, il s'écrie, en se retournant vers son peuple :

« Mes frères et concitoyens, je vous supplie de ne point me tenir rigueur si, en quelque manière, je me suis rendu coupable d'ingratitude ou de violence à votre égard ».

Et tout le peuple répond d'une commune voix : « Jamais, tendre Père, vous ne nous avez déplu, jamais vous ne nous avez fait du mal ; nous ne comptons de vous que des bienfaits, et les moindres comme les plus grands nous ont enrichis et relevés à nos propres yeux. C'est bien plutôt à vous de nous pardonner nos fautes, en telle sorte que, par le secours de vos bonnes prières, nous parvenions à effacer tout ce qui a pu échapper à notre faiblesse ! »

Saint Ennemond lève alors vers le ciel un regard de reconnaissance : « Seigneur Dieu tout-puissant », dit-il, « vous qui avez tenu compte du sang d'Abel immolé ; vous qui, en sacrifiant votre divin Fils, nous avez montré à la fois le chemin de sa passion, où il faut le suivre, et la conduite miséricordieuse qu'il faut tenir avec les bourreaux ; vous enfin qui avez exaucé sans retard le bienheureux Etienne votre premier témoin, alors que, lapidé pour un crime imaginaire, il vous demandait la grâce de ses ennemis et vous recommandait son âme, Seigneur, je vous supplie à mon tour de ne point permettre que je faiblisse dans la voie du salut où je vais entrer : faites au contraire que je me puisse réjouir bientôt dans la paix de ceux que les hommes ont jadis vainement persécutés et mis à mort. Ne vous montrez pas sévère pour les parjures qui ont violé la foi promise au Saint des Saints. Vous connaissez, Dieu tout-puissant, les replis de

mon âme et le fond de mon cœur : vous savez si j'ai agi avec
duplicité et si j'ai eu jamais la pensée de perdrè un prince et
maître qui m'est plus cher que moi-même ! Vous donc qui rendez à chacun selon ses œuvres et qui vous surpassez d'autant
plus en générosité qu'on a mis plus de fidélité à remplir vos
commandements, daignez m'accorder vos faveurs ».

Puis, étendant les bras pour bénir l'assistance :

« Je vous donne ma paix », poursuit-il, « et je garderai éternelle-
ment le baiser de votre charité. Je vous quitte, il est vrai ; mais
n'ayez aucune crainte, car je vous laisse sous bonne garde : je
vous laisse entre les bras du Seigneur Jésus. Oui, il vaut mieux
qu'il n'y ait qu'une seule victime, que si Dieu avait à me demander compte du massacre d'un grand nombre de fidèles,
comme les brigands pourraient le commettre ».

Cela dit, il sort de l'église, et, suivi seulement de quelques
prêtres, il se rend vers le chef des sicaires :

« La paix soit avec vous ! » lui dit-il ». Ne vous voyant pas d'habitude rassemblés ainsi en ce lieu, j'ai une demande à vous
faire : Etes-vous venus ici avec des intentions pacifiques ?...
Alors, mon église va vous ouvrir ses portes, et, moi-même, je
vous inviterai à y entrer comme j'y introduirais des fils. — Que
si, au contraire, vous prétendez exercer sur moi quelque vengeance, me voici à vos ordres ; je n'ai plus qu'à me taire et à
vous suivre.

— « Evêque », lui répond le chef des sicaires, « voilà des paroles
bien mielleuses, et tu affectes les dehors d'un homme contrit et
humilié ! Mais, est-ce là le langage, sont-ce là les allures d'un
prêtre coupable, d'un ennemi du roi ?

— « Je ne m'attendais pas », réplique Ennemond, « à entendre
aujourd'hui pareil discours ; je ne m'attendais pas à ce qu'on
me chargeât ainsi du crime de lèse-majesté et qu'on m'appelât
publiquement l'ennemi de mon roi !... Apprenez cependant que
vos calomnies ne sauraient atteindre l'homme dont la conscience est en paix ! Ennemond n'est pas devenu cruel au point
de jalouser la gloire et de tramer la perte d'un prince qu'il a
porté naguère sur les fonts du baptème et dont il a été le témoin devant le Seigneur !

— « Bagatelles que ces raisons », reprend le chef de la bande.

« Nous n'avons pas le temps de discuter avec toi ; nous n'avons qu'un ordre à remplir : t'amener devant le roi. Si tu résistes, nous te laissons sur l'heure immolé en ce lieu !

— « Je vous l'ai dit déjà », répond Ennemond : « je suis à vos ordres !... »

Et la joie sur le visage, la parole et le geste assurés, Ennemond s'abandonne aux hideux sicaires.

4.

Lettre de l'évêque de Belley (27 mai 1254) sur la présence du corps de saint Ennemond à Saint-Pierre.

Littere attestationis domini episcopi Bellicencis faciens fidem quomodo corpus beati Annemundi requiescit in ecclesia monasterii sancti Petri Lugdunensis.

Mai 1254.

Nos Johannes, Dei patientia Bellicensis episcopus, notum facimus universis præsentes litteras inspecturis quod nos vidimus, inspeximus et diligenter perlegimus quemdam librum antiquum non abolitum, non rasum, nec in aliqua sui parte corruptum, extractum ab ecclesia de Tres nostre diocesi, in quo libro continebatur vita et passio beati Annemundi martiris, cujus littera talis est : « Jam olim virtutes martirum, etc. » : inter alia verba continebatur ista clausula infrascripta : « Exemptum abinde beatum corpusculum in basilica sancti Petri ubi ipse pauperes in zenodochio nuper jam delegaverat ex suis alimoniis pasci cum dignis obsequiis tumularunt, etc. ». Item, inter alias clausulas continebantur ista : « Factum est autem cum percrebuisset totius fere mundi..... (1) fama miraculorum præclarissimi martiris eximiique pontificis Annemundi sompniasset

---

(1) Ici, un mot illisible sur le parchemin. — Je n'ai pas besoin de faire remarquer que ce latin-là est, comme celui du Testament, un latin essentiellement *sui generis.*

quondam Teutonem cecum a nativitate quo si visu vellet uti, limina adiret Lugdunensis cenobii tanto principis apostolorum fundati quo corpus conditum preclarissimi martiris veneratur Annemundi, etc. » Item : « predictam igitur urbem ingrediens ore frequenti resonabat semper : *Christi miles Annemunde, adjuva !* quod cum pervenissent sanctimoniales inibi Deo militantes exceperunt eum cum summa caritate, etc. ». Item, inter alias clausulas continebatur ista : « Vos, sponse Christi, prelibatum solerti mente perpendite miraculum, etc. » In cujus rei testimonium sigillum nostrum duximus præsentibus apponendum.

Datum anno Domini millesimo ducentesimo quinquagesimo quarto, sexto kal. junii.

<h1 style="text-align:center">5.</h1>

Offices propres des Dames de Saint-Pierre.

LE XXIII AOUT

FÊTE DE LA RÉVÉLATION DE SAINT ENNEMOND.

L'Invitatoire et l'Antienne des cantiques au Commun d'un Martyr ; le reste, comme le jour de la Fête.
Les leçons du Ier Nocturne : A Mileto.

Au IIe Nocturne.

Leçon V. Fatendum est autem, cùm totius ferè mundi climata fama miraculorum præclarissimi Martyris, eximiique Pontificis Annemundi percurrisset, somniasse quemdam Theutonem cæcum a nativitate : quod si visu vellet uti oculorum, limina adiret Lugdunensis Cœnobii, titulo Principis Apostolorum fundati : ubi corpus conditum præclarissimi Martyris veneratur Annemundi. Hic cùm iter carperet, Franciam petens ignarus prædictæ Urbis, Lugdunum clavatum est aggressus, qui causam itineris exponens viam didicit, quâ Lugdunum psistoforum veniret : secum ducens uxorem viæ solamen et filium unicum.

Leçon VI. Prædictam igitur urbem ingrediens, frequenti ore resonabat : Christi miles, Annemunde, adjuva me : qui cùm ad celebre divi Petri pervenisset cœnobium, Sanctimoniales ibidem Deo militantes, eum cum summâ acceperunt charitate. In quo cùm nullum visûs appareret vestigium, erat enim oculorum locus lenis, ut cætera facies, compatientes dictæ Sanctimoniales ei dicebant : Quo fretus auxilio, frater, et quâ causâ de tam remotis partibus hùc advenisti ? quem tibi constituisti finem tanti laboris ?

Leçon VII. Quibus respondens : Ut mihi, inquit, cæco a nativitate ipse succurrat Martyr Christi Annemundus : sicut mihi Dominus per somnium ostendere dignatus est. Vos ergo oro me peccatorem Sancto præsentetis Martyri : quod cùm egissent, sacerdote prævio, Missa cum summâ incæpta est lætitiâ. Levitâ itaque inchoante legere Evangelium, uxor cæci agitabat latus ejus, ut qui prostratus jacebat, surgeret, et ad audiendum sanctum Evangelium, sicut moris est, staret. Eo autem renitente, nec, pro more solito, auditum præbente, ipsa suspiria inaudita et gemitus insolitos audientibus omnibus emisit.

Leçon VIII. Nec multo post jam surgens qui cæcus decubuerat, apertis oculis cælum suspiciens, Dominum laudabat; qui sibi visum Martyris Annemundi intercessionibus addiderat. Vos, sponsæ Christi, precor, prælibatum solerti mente perpendite miraculum : et ei qui humano generi visum restituit, ut tenebras infidelitatis ab illo repelleret, mente devotâ puràque conscientiâ, fibris ab intimis gratias satagite rependere. Et ut acceptabiles Deo sint vestræ gratiarum actiones, vestra corpora ità serventur nitida, ut sponsus Christus influat illis cœlitus, vosque sic muniat in hoc mundi certamine, ut certantes legitime coronam perpetis lætitiæ promereamini recipere, præstante Christo Domino : qui cum Patre et Spiritu sancto vivit et regnat per infinita sæculorum sæcula.

Au IIIe Nocturne, l'Évangile et l'Homélie comme ci-après, au jour de la Fête.

XXVIII SEPTEMBRE

FÊTE DE SAINT ENNEMOND, ARCHEVÊQUE DE LYON ET MARTYR.

(*Double de la* 1re *classe.*)

Aux I^{res} Vêpres.

ANT. Cabillone mulctatur, Lugduni tumulatur, in cœlo coronatur. — *Ps.* Dixit Dominus, etc., *comme au Dimanche.*

ANT. Accusatur quòd Galliæ regnum molitur destruere; impiorum confossus gladiis, regnum Martyr introivit gloriæ.

ANT. Assertori criminis sic respondit Annemundus : Quem non maculat conscientia, verba non coinquinant aliena.

ANT. Puellis corpus Martyris Petrus commendavit in terris ; et cœli pandens aditus Virginibus, animam et Agno quem secuta est, sociavit in cœlis.

CHAPITRE. Beatus vir qui suffert tentationem, quoniam, cùm probatus fuerit, accipiet coronam vitæ quam repromisit Deus diligentibus se.

℟ br. Posuisti, Domine, *au Commun d'un Martyr.*

HYMNE. Deus, tuorum militum, etc.

℣ Gloriâ et honore coronasti eum, Domine,

℟ Et constituisti eum super opera manuum tuarum.

A Magnificat.

ANT. O quàm gloriosum est regnum in quo cum Christo regnat Annemundus amictus stolâ albà, sequitur Agnum quocumque ierit.

ORAISON. Propitiare nobis, quæsumus, Domine, per hujus S. Annemundi, Martyris tui atque Pontificis (qui in præsenti requiescit Ecclesiâ) merita gloriosa : ut ejus piâ intercessione ab omnibus protegamur adversis. Per Dominum nostrum, etc.

A Matines.

INVITATOIRE. Triumphantem in electis adoremus Dominum, per quem præsul Annemundus pœnas vicit hominum.

Ps. Venite, etc.

Hʏᴍɴᴇ. Deus, tuorum militum, etc.

Les Antiennes et les Ps. du I^e et du IIe Nocturne sont du Commun d'un Martyr.

Lᴇçᴏɴ I. *De Actibus Apostolorum :*

A Mileto Paulus mittens Ephesum, vocavit majores natu Ecclesiæ. Qui cùm venissent ad eum, et simul essent, dixit eis : Vos scitis à primâ die quâ ingressus sum in Asiam, qualiter vobiscum per omne tempus fuerim, serviens Domino cum omni humilitate, et lacrymis et tentationibus quæ mihi acciderunt ex insidiis Judæorum : quomodò nihil subtraxerim utilium, quominùs annuntiarem vobis, et docerem vos publicè, et per domos, testificans Judæis atque Gentilibus in Deum pœnitentiam et fidem in Dominum nostrum Jesum Christum, et nunc ecce alligatus ego spiritu, vado in Jerusalem, quæ in eâ ventura sint mihi ignorans ; nisi quod Spiritus sanctus per omnes civitates mihi protestatur, dicens : Quoniam vincula et tribulationes Jerosolymis me manent.

℟ Inclytus natalibus Annemundus et moribus in Urbe Lugdunensium Pontificale culmen adeptus, * Dominico gregi prodesse magis studuit quàm præesse.

℣. Fidelis servus et prudens quem constituit Dominus super familiam suam. * Dominico gregi.

Lᴇçᴏɴ II. Sed nihil horum vereor, nec facio animam meam pretiosiorem quàm me : dummodò consummem cursum meum et ministerium verbi : quod accepi à Domino Jesu, testificari Evangelium gratiæ Dei. Et nunc ecce ego scio, quia ampliùs non videbitis faciem meam vos omnes, per quos transivi prædicans Regnum Dei. Quapropter contestor vos hodiernâ die, quia mundus sum à sanguine omnium. Non enim subterfugi, quominùs annuntiarem omne consilium Dei vobis.

℟ Pastor non mercenarius præelegit animam suam pro ovibus ponere : * Quàm multorum trucidationem infandam videre.

℣. Sicut ovis ad occisionem magis voluit ipse solus pergere, * Quàm multorum.

Lᴇçᴏɴ III. Attendite vobis, et universo gregi, in quo vos Spiritus sanctus posuit Episcopos regere Ecclesiam Dei, quam acquisivit sanguine suo. Ego scio quoniam intrabunt post discessionem meam lupi rapaces in vos, non parcentes gregi. Et ex

vobis ipsis exurgent viri loquentes perversa, ut abducant disci-
pulos post se. Propter quod vigilate, memoriâ retinentes : quoniam per triennium nocte et die non cessavi, cum lacrymis mo-
nens unumquemque vestrûm. Et nunc commendo vos Deo, et
verbo gratiæ ipsius, qui potens est ædificare et dare hæreditatem
in sanctificatis omnibus.

℞ Ad recessum præsulis tristabatur plebs fidelis : qui valefa-
ciens lacrymando oravit, dicens : commendo vos, fratres, Deo,
* Et ego usque in æternum charitatis vestræ recordabor.

℣ Gratia vobis et pax à Deo Patre nostro et Domino Jesu
Christo. * Et ego usque.

Leçon IV. Argentum et aurum, aut vestem nullius concupivi
sicut ipsi scitis ; quoniam ad ea quæ mihi opus erant, et his
qui mecum sunt, ministraverunt manus istæ. Omnia ostendi
vobis, quoniam sic laborantes, oportet suscipere infirmos, ac
meminisse verbi Domini Jesu, quoniam ipse dixit : Beatiùs est
magis dare, quàm accipere. Et cùm hæc dixisset, positis geni-
bus suis, oravit cum omnibus illis. Magnus autem fletus factus
est omnium ; et procumbentes super collum Pauli, osculabantur
eum, dolentes maximè in verbo quod dixerat quoniam ampliùs
faciem ejus non essent visuri. Et deducebant eum ad navem.

℞ Profecturus Præsul ad bravium salutaris, fratribus dixit :
Si in aliquo extiti vobis ingratus, * Non ducatis, quæso, indignè, sed remittatis oro pacificè.

℣ Si quem vestrûm in aliquo defraudavi. * Non ducatis.

Gloria Patri et Filio. * Non ducatis, etc.

Au IIᵉ Nocturne.

Leçon V. Jam olim virtutes Martyrum divinitùs patratæ hacte-
nùs mundum illustrant : atque corpora eorum insita terræ,
velut stellæ cœli astra congeminant. Denique qui normam secuti
sunt passionum, erunt similes conditione virtutum. Tu autem.

℞ Exorabat Dei servus, velut Stephanus pro persequentibus
se dicens : Domine, ne statuas illis hoc peccatum, * Qui fœderis mei obliti sunt pactum.

℣ Salva me ex ore leonis, et à cornibus unicornium. * Qui
fœderis.

Leçon VI. Semper Jerusalem cœlestis de vivis et electis lapidibus ut Civitas ædificatur : paulatimque se sanctarum animarum collectione instaurari gratulatur. Nec multò minore gloriâ tellus cruore fœcundata Martyrum exultat roseo perfusa rubore.

℟ Consilio impiorum proditus, damnatus in concilio Gallicorum, * Ad consortium introducitur Angelorum.

℣ Anima illius, sicut passer, erepta est de laqueo venantium. * Ad consortium.

Leçon VII. Fatendum est itaque ut dùm horum merita penetrant cœlos, illorum membra in terris salus efficiantur homininibus. Nec pigrum ducimus illic Fidelium figere præmium, quorum virtutes in populo nitent. Igitur Dalphini seu beati Annemundi Martyris vitam exponam, rursùmque passionem ejus describam.

℟ Accusatus quòd Galliæ Regnum moliretur destruere, impiorum confossus gladiis, * Regnum Martyr introivit gloriæ.

℣ Plantatus in domo Domini, in atriis domûs Dei nostri. * Regnum martyr.

Leçon VIII. Fuit itaque illustrissimi viri Sigonis, Præfecti et uxoris ejus Petroniæ filius : et in Regis Prætoriis Dagoberti, Clodovei filii, qui pro eo regnavit coalitus atque nutritus. Natione tamen Romanus, semper honore præditus, ditionum atque publicis fascibus honoratus.

℣ Assertori criminis sic respondit Annemundus : Non credebam hodiè audire talem sermonem ; * Sed quem non maculat conscientia, verba non coinquinant aliena.

℣ Audivit enim contumelias multorum, et terrores in circuitu. * Sed quem.

Gloria Patri. * Sed quem.

Ant. du Cantique. O felicem animam, quæ Angelicis mixta catervis, summo perfrueris bono, Annemunde sanctissime : ad superos terrigenas attrahe Dei famulas, quæ te suppliciter colunt.

Le Cantique. Beatus vir qui in sapientiâ, etc., *comme au Commun d'un Martyr.*

℣ Magna est gloria ejus in salutari tuo.

℟ Gloriam et magnum decorem impones super eum.

Au IIIᵉ Nocturne.

LEÇON IX. *Lectio sancti Evangelii secundum Matthæum.*
In illo tempore, dixit Jesus discipulis suis : Cùm persequentur vos in civitate istà, fugite in aliam. Et reliqua.

Homilia sancti Athanasii, Episcopi.

In lege præceptum erat ut constituerentur civitates refugiorum, ut qui quomodocumque ad necem quærerentur, servari possent in consummationem porrò sæculorum cùm advenisset illud ipsum verbum Patris, quod Moisi anteà locutum fuerat, rursùs hoc præceptum dedit : Cùm vos, inquiens, persecuti fuerint in civitate istà, fugite in aliam; paulòque post subjicit : Cùm videritis illam abominationem desolationis, quæ dicta est per Danielem Prophetam, consistentem in loco sancto (qui legit intelligat), tunc qui in Judæâ sunt, fugiant ad montes, et qui in tecto est, ne descendat tollere aliquid de domo suâ; et qui in agro est, non revertatur tollere tunicam suam.

℟ Lux emissa cœlitùs, in quâ vir Dei procumbebat Papilione, manifestum dedit judicium, * Justum injustè fuisse peremptum.
℣ Dedisti, Deus, metuentibus te significationem. * Justum injustè.

LEÇON X. Hæc enim scirent Sancti, ejusmodi tenuerunt suæ conversationis institutum, quæ enim nunc præcepit Dominus, eadem quoque antè suum in carne adventum locutus est in Santis : et hoc institutum homines ad perfectionem ducit ; nam quod Deus jusserit, id omninò faciendum est.

℟ Agmina sacra Angelorum, lætamini pro concive vestro Annemundo, * De quo gaudet Christi Ecclesia, fœliciter et exultat gaudenter.
℣ Omnes virtutes et omnis militia Cœlorum meritò gloriamini cum beato Annemundo. * De quo gaudet.

LEÇON XI. Ideòque et ipsum Verbum propter nos homo factum non indignum putavit, cùm quæreretur, quemadmodùm et nos, abscondere se, et cùm persecutionem pateretur fugere, et insidias declinare : cùm autem à se definitum tempus ipse adduxisset, in quo corporaliter pro omnibus pati volebat, ultrò seipsum tradidit insidiantibus.

℞ Sancte Annemunde, Martyr Christi, audi rogantes servulos, * Et impetratam nobis cœlitùs tu defer indulgentiam.

℣ Aperi os tuum in oratione, et pro delictis nostris Deum deprecare. * Et impetratam.

Leçon XII. At verò sancti homines cùm hanc quoque formam à Salvatore didicissent (ab ipso enim et anteà et semper omnes docebantur); adversùs persecutores ut legitimè certarent, fugiebant, et ab aliis quæsiti se abscondebant, cùm enim præstituti sibi à divinâ providentiâ temporis finem ignorarent, nolebant insidiantibus se temerè tradere : sed contrà cùm scirent quod scriptum est, in manibus Dei esse hominum sortes et Dominum mortificare et vivificare ; potiùs in finem usque perseverabant, circumeuntes, ut ait Apostolus, in melotis et pellibus caprinis, egentes, augustiati, in solitudinibus errantes, et in speluncis et cavernis terræ latentes, quoad vel definitum mortis tempus veniret, vel qui tempus ipsum definierat Deus cùm eis loqueretur, et insidiantes cohiberet, aut certè persecutoribus eos traderet, utcumque illi placuisset.

℞ Laudemus Dominum in beati Antistitis Annemundi meritis gloriosis, * Ad sepulchrum cujus ægri veniunt et sanantur.

℣. Vir iste mirabilis in opere, clarus in virtute, lætatur in Cœlis cum Angelorum choris. * Ad sepulchrum.

Gloria Patri. * Ad sepulchrum.

L'Hymne *Te Deum laudamus.*

Sequentia sancti Evangelii secundum Matthæum.

In illo tempore, dixit Jesus discipulis suis : Cùm persequentur vos in civitate istâ, fugite in aliam. Amen dico vobis : Non consummabitis civitates· Israël, donec veniat Filius hominis. Non est discipulus super magistrum, nec servus super dominum suum : sufficit discipulo ut sit sicut magister ejus, et servo, sicut dominus ejus. Si patremfamilias Beelzebub vocaverunt, quantò magis domesticos ejus ? ne ergò timueritis eos. Nihil enim est opertum quod non reveletur : et occultum quod non sciatur, quod dico vobis in tenebris, dicite in lumine ; et quod in aure auditis, prædicate super tecta, et nolite timere eos qui occidunt corpus : animam autem tuam non possunt occidere, . sed potiùs timete eum qui potest et animam et corpus perdere in gehennam. Amen.

Orais. Propitiare, *aux Iⁱᵉˢ Vêpres*.

Aux Laudes et Heures.

Ant. Annemundi tumulus piè requisitus, sit cæcorum oculus, surdorum auditus, caducorum baculus, naufragantium littus.

Ps. Dominus regnavit, *et les autres du Dimanche*.

Ant. Pastor non mercenarius præelegit animam suam pro ovibus ponere, quàm multorum trucidationem infandam videre.

Ant. Erat autem sanctus Annemundus suavis eloquio, in consilio prudens, in judicio justus, in disputationibus providus victor.

Ant. Mactat in tabernaculo Rex Annemundum clanculo : Urbs Lugdunensis oculo privatur, orbis speculo.

Ant. In consilio proditus impiorum, ad consortium introducitur Angelorum.

Chapitre. Beatus vir qui suffert tentationem : quoniam, cùm probatus fuerit, accipiet coronam vitæ, quam repromisit Deus diligentibus se.

ꝶ Gloriâ et honore * Coronasti eum, Domine. Gloria.

ꝶ Et constituisti eum super opera manuum tuarum, * Coronasti, etc.

Gloria Patri. Gloria et honore, etc

Hymne. Martyr Dei, qui unicum.

ꝶ Justus ut palma florebit ;

ꝶ Sicut cedrus Libani multiplicabitur.

A Benedictus.

Ant. Audi preces nostras, pie Martyr Annemunde, et refer ad Deum. Memento, pastor bone ovium tuarum, opem tuæ intercessionis quærentium, omnibus assiduè ora pro nobis, cum Sanctis quibus conjunctus es, ut gratiâ Dei salvemur.

Oraison. Da, quæsumus, omnipotens æternæ consolationis Pater, per hujus sancti Martyris tui atque Pontificis Annemundi preces, populo tuo pacem et salutem : ut tuis totâ dilectione inhæreat mandatis, et quæ tibi placita sunt, totâ dilectione perficiat. Per Dominum, etc.

CHAP. DE TIERCE. Beatus vir, etc.

OR. Da, quæsumus, etc.

A Sexte et None, les Chapitres, Versets et Oraisons sont du Commun d'un Martyr.

L'oraison des Laudes se doit dire à toutes les Heures et à Vêpres.

Aux IIes Vêpres.

Les Antiennes des Laudes; les Ps. du Commun aux IIes Vêpres; le Chap. Rép. bref, Hymne, comme aux I^{res} Vêpres.

ῶ Justus ut palma florebit.

A Magnificat.

ANT. Ave, rex gentis Francorum, miles Regis Angelorum, o Annemunde, flos Martyrum ! velut rosa vel lilium funde preces ad Dominum pro salute Fidelium.

Oraison des Laudes.

LE IIe JOUR.

L'Invitatoire et l'Hymne comme le jour.

ANT. In lege Domini fuit voluntas ejus die ac nocte.

Psaumes de la Férie, avec le Verset d'un Martyr, et de même pendant l'Octave.

LEÇON I. Erat sanctus Annemundus exilis, affabilis, pius et facetus, fortis et humilis, prudens et instans, in objurgatione mansuetus, in disputationibus victor, in judicio justus, in bonitate prælatus, necnon in facultatibus copiosus, et in universâ morum honestate conspicuus.

LEÇON II. Intereà accidit ut Civitas Lugdunensis proprio orbaretur patrono ; cùmque Cives, legum paternarum zelatores, sine duce et pastore vivere nollent, propositum est negotium eligendi Episcopum, tunc ab omnibus unanimiter proclamatur dignus episcopatu Annemundus : et ita Dei gratiâ volens, nolens, consecratus est Pontifex; tantam denique in eo Dominus contulit gratiam, ut egregiè veneraretur in populo.

Leçon III. Et jam finitimæ et eminùs constitutæ gentes suis eum nitebantur honorare muneribus. Regibus atque proceribus ita charus habebatur, ut ab eis quicquid posceret impetraret, nullusque ad suum profectum quicquam valebat appetere, nisi suâ suggestione Clotario tertio Principi deportaret, qui ei de lavacro fontis filiolus fuerat.

Au IIe Nocturne.

Ant. Prædicans præceptum Domini, constitutus est in monte sancto ejus.

Chapitre. Cibavit illum pane vitæ et intellectùs, et aquâ sapientiæ salutaris potavit illum Dominus Deus noster.

℣ Posuisti, Domine super caput ejus

℟ Coronam de lapide pretioso.

Excepté le mardi et vendredi, car ces deux jours, il faut dire :

℣ Magna est gloria ejus in salutari tuo.

℟ Gloriam et magnum decorem impones super eum.

Oraison du jour.

Aux Laudes et aux autres Heures, tout comme le jour, et ainsi pendant l'Octave.

LE IIIe JOUR.

Ant. Filii hominum, scitote quia Dominus Sanctum suum mirificavit.

Leçon I. Dum autem sublimitatis suæ gloriam, ac brachium vindicaret extentum : necnon et à fratibus celsior videretur in cœtu incidit cunctis in odium. Qui tractare seditiosè cœperunt de ejus morte, dicentes : Quòd Regnum ejusdem Clotarii, tunc temporis Principis, evertere moliretur occultò. Tu autem, Domine, miserere nobis.

Leçon II. Eo autem tempore facta est conventio ex Regis

imperio, in suburbio Aurelianensis Urbis, in villâque suo nomine Martialis dicitur, ad quam venientes proceres, majores natu, ducesque cum plebe : solità vocatione, beatum Antistitem cum fratibus crediderunt affuturum : qui itineris (quoniam senex erat) difficultate fessus, adesse non potuit conventioni.

Leçon III. Sic conceptum adversùs beatum Pontificem malevolorum odium manifestè patuit. Nam ejus fratrem in Præfecturâ Galliæ Lugdunensis malè gestâ calumniatum, truncari capite fecerunt, cujus corpus decenter velatum et Lugdunum delatum, Cives in basilicâ sanctorum Apostolorum seu quadraginta et octo Martyrum (quæ nunc Nizerii dicitur) sepulturæ tradiderunt, tunc vir Dei ex fratris interitu, vitæ suæ dispendium illicò cognovit : sed quoniam spiritus promptus est, caro autem infirma, trepidans suam paululùm ab Urbe declinavit præsentiam ; recordatus autem præmii Martyrio se cupiens munerari, ad propriam citò reversus est Civitatem.

Au IIe Nocturne.

Ant. Scuto bonæ voluntatis tuæ coronasti eum, Domine.

LE IVe JOUR.

Ant. In universâ terrâ gloriâ et honore coronasti eum.

Leçon I. Imminente agone, dixit sanctus Annemundus : Melius mihi est pro nefando quorumdam crimine, martyrium sustinere, quàm aliis malum exemplum relinquere : stans igitur in Urbe sibi commistâ, tantùm se in eleemosinis, jejuniis atque vigiliis, cum Clero in oratione jugi attrivit : ut quiquid per ignorantiam nuper admiserat, hic deflens, per pœnitentiam deleret.

Leçon II. Cum autem populorum cohortes, aspectaculum necis ejus convenientes circundassent Civitatem, taliaque Dei famulo nuntiata fuissent : continuò celebrans divina mysteria, et quasi jam defuncti obsecratione, animam suam spiritumque commendans, acceptâ communione, ait : Rogo vos, fratres, ut si, in aliquo vobis ingratus extiti, aut quicquam violenter abstuli, non ducatis indignè, sed remittatis pacificè ; illi unanimiter responderunt dicentes : Nunquam nobis, Pastor bone, ingratus aut in aliquo molestus extitisti, sed à minimo usque ad maximum tuis beneficiis relevatos affatim, ditatosque nos esse censemus : tu nostra potiùs indulge facinora et ignosce piacula : ut quod contrà te per defidiam gessimus, nunc tuis precibus careamus. Tu autem, Domine, miserere nobis.

Leçon II. Tunc sanctus Annemundus, elevatis in cœlum oculis, plurimisque orationibus pro persecutoribus fusis, armans se signo crucis, valeque dicens suis amicis, ait : Pacem meam do vobis : et vestræ charitatis usque in æternum retinebo osculum, nihil de meâ ablatâ conturbemini præsentiâ : quoniam ego vos Christo commendare festino. Cùm autem ' Præfecto cum satellibus suis ad locum sancti Martialis, Civitati Aurelianensi vicinum regiis præsentandus conspectibus duceretur : in territorio Cabillonensi tentoria fixerunt. Ubi timentes ne gratiam apud Regem inveniret Pontifex, eorumque machinamenta reducerentur ad nihilum, inito consilio, eum noctu occiderunt. Cujus beatam animam Angelorum chori jubilantes, ad Regis regum deduxere palatium. Tu autem, Domine, etc.

Au IIᵉ Nocturne.

Ant. Justus Dominus et justitiam dilexit, æquitatem vidit vultus ejus.

LE Vᵉ JOUR.

Ant. Habitabit in tabernaculo tuo : requiescet in monte sancto tuo.

Leçon I. Quibus modis Deus optimus, maximus, ostenderit beati Patris Annemundi innocentiam, invidorumque illius malitiam, tacendo præterire non licet. Sed quantas per eum dignatus est operari virtutes, atque in ejus sancto corpore ostendere

miracula ad odientium confusionem et omnium Fidelium ins-
tructionem ex multis saltem pauca narrare convenit.

Leçon II. Itaque narrato sancti Patris martyrio, quo sanctum
corpus devenerit videamus, nam positum in navicula Araris,
absque nauclero seu quocumque ductore, Lugdunum directum
fuit. Res mira! quàcumque parte transiret, omnia cymbala quæ
in his locis erant, absque agitante sonuerunt, atque duo candelabra argentea divinitùs desuper missa cereis superlucentibus
sancto corpori in navi continuò adhæserunt (1) quod à Clero
Lugdunensi et Civibus est receptum cum fletu maximo, gaudio
tamen permixto : quoniam quem exulatum putaverant, recepe-
runt defunctum.

Leçon III. Et cùm diversarum ecclesiarum Lugdunensium pro-
cessionaliter advenissent Clerici, ac quisque tantum sibi vindi-
care vellet thesaurum et ad propriam deferre Ecclesiam : nullate-
nùs de loco moveri potuit, quâ de re valdè admirati sunt omnes,
atque suspicati id causæ, quòd nondùm adesset processio Monialium Monasterii Sancti Petri ; in eo enim erant duæ Deo dicatæ
beati Annemundi sorores : quæ accersitæ devote illùc accesserunt,
quò cùm pervenissent dictæ duæ sorores, corpus fratris sui esse
cognoverunt : et quem intimè amaverant, amarè fleverunt : tunc
sanctum corpus divinitus motum ad eas appropinquavit : satis
clarè innotescens apud eas velle sepeliri, earumque templum
tanto thesauro debere ditari. Tu autem, Domine, miserere nobis.

Au IIe Nocturne.

Ant. Posuisti, Domine, super caput ejus coronam de lapide
pretioso.

---

(1) Il existe, au cabinet des Estampes de la Bibliothèque nationale, une
gravure qui représente, d'après une médaille antique, saint Ennemond après
son martyre. J'ai fait prendre copie de cette gravure. Je laisse aux hommes
compétents le soin d'en apprécier la valeur tant archéologique qu'artistique :
je n'ai d'autre but, en la reproduisant en tête de ce travail, que d'ajouter un
témoignage à ceux que j'ai pu recueillir. — L'original est classé t. IV, fol. 21,
à la Bibliothèque de la rue Richelieu.

LE VIe JOUR.

ANT. Hic accipiet benedictionem à Domino, et misericordiam à Deo salutari suo ; quia hæc est generatio quærentium Dominum.

LEÇON I. Cumque beatum Martyrem deportarent ad tumulum cum canore lugubri, paululùm passimque eum deponentes : quidam æger se frequenter sub feretro jactitans, ejus interventu sola spes recessit à tædio. Duplicato igitur gaudio qui in ejus venerant prosecutione, unanimiter clamare cœperunt : Gratias tibi agimus, Jesu Christe, quoniam quem inimici putaverunt meritò occisum, nos modò recipimus virtutibus plenum.

LEÇON II. Obsequiis itaque funeralibus ab omnibus qui convenerant viris ecclesiasticis, religiosisque personis solemniter et cum maximo honore peractis, sanctoque beati Martyris corpore in dictâ sancti Petri ecclesiâ reverenter tumulato : in magnâ gentium multitudine adfuit quidam cæcus, qui de Dei misericordiâ atque meritis beati Annemundi confisus, super tumulum humiliter jacuit prostratus.

LEÇON III. Ubi devotè Deum adorans, utque beati Annemundi meritis et intercessionibus oculorum usus sibi restitueretur indefessè supplicans sine morâ tali acumine visum recepit, ac si nullo unquam oculorum laborasset morbo ; tunc pro tanto beneficio gratus, magnâ cum gratiarum actione et jubilo, per totam cœpit discurrere Urbem : atque in omnibus quod in eo factum fuerat miraculum ad Dei et beati Martyris Annemundi laudem et honorem públicè prædicavit. Tu autem, Domine, miserere nobis.

Au IIe Nocturne.

ANT. Lætabitur justus in Domino et sperabit in eo : et laudabuntur omnes recti corde.

LE VII° JOUR.

Aɴᴛ. Beatus quem elegisti, Domine, habitabit in atriis tuis.

Lᴇçoɴ I. Post hæc qui cæcus fuerat ne ingratus pro tanto beneficio Dei haberetur, duas lampades obtulit, quas in honorem beati Martyris perpetuo cum olei liquore lucere ordinavit : ubi Dei munificentiam perpendere maximè licet, quoniam dictæ lampades per unius anni revolutionem absque olei (quamvis frequenter perfusi) diminutione luxerunt : in testimonium quomodò non beatus Annemundus fuerat, lucerna, non sub modio posita, sed super candelabrum. Tu autem, Domine, miserere nobis.

Lᴇçoɴ II. Nec minùs mirandum quod omnes qui ex eodem oleo ungebantur à quacumque detinerentur infirmitate subitò sanabantur ; fuit prætereà quidam paralyticus qui fideliter juxtà tumulum beati Annemundi auxilium implorans, pristinum perfectè recepit gressum. In cujus rei testimonium baculos quibus priùs sustentabatur et pro pedibus cum veniret utebatur magnâ cum exultatione super humeros reportavit.

Lᴇçoɴ III. Denique tot et tanta fiebant, meritis beatissimi Patris, miracula in ejus sepulcro in tactu baculi quem manu gestaverat, in vestium vel aliarum quarumcumque rerum quibus Beatus vestitus usus fuerat deosculatione : ut non modò ea enarrare, verum etiam mente comprehendere fit impossibile, et nihilominus virtutes et merita ejus ita miraculis divulgata sunt : ut per universum mundum fama ejus evolàrit.

Au IIe Nocturne.

Aɴᴛ. Justus ut palma florebit : sicut cedrus Libani multiplicabitur.

LE JOUR DE L'OCTAVE (*Double*).

Les I^{res} Vépres sont comme les I^{res} Vépres de la Fête.

Tout l'Office se fait comme le jour de la Fête, excepté les Leçons du IIe Nocturne Fatendum est, *page* 76.

LITANIES DE SAINT ENNEMOND

ARCHEVÊQUE DE LYON ET MARTYR, BIENFAITEUR ET PROTECTEUR
DU MONASTÈRE DE SAINT-PIERRE.

Kyrie, eleison.
Christe, eleison.
Kyrie, eleison.
Pater de cœlis, Deus, miserere nobis.
Fili Redemptor mundi, Deus,
Spiritus Sancte, Deus,
Sancta Trinitas, unus Deus,
Sancte Annemunde, nobilissima Romanorum familia oriunde,
ora pro nobis.
Sancte Annemunde, Pastor vigilantissime,
Sancte Annemunde, Lugdunensium pater amantissime,
Sancte Annemunde, æquitatis defensor acerrime,
Sancte Annemunde, Virginum Sancti Petri protector amabilissime,
Sancte Annemunde, amicorum fidelissime,
Sancte Annemunde, in pauperes et Virgines sacras munificentissime,
Sancte Annemunde, qui crudelissimo hosti pepercisti,
Sancte Annemunde, qui pro Christo sanguinem tuum fudisti,
Sancte Annemunde, ad cujus mortem columna ignis apparuit,
Sancte Annemunde, cujus corpus Angeli ad littus Lugdunense
deduxerunt,
Sancte Annemunde, qui tumulum tuum in templo beati Petri
elegisti,
Sancte Annemunde, innumeris miraculis clarissime,
Sancte Annemunde, qui cæco nato visum restituisti,
Sancte Annemunde, afflictorum refugium potentissimum,
Sancte Annemunde, martyr invictissime,
Sancte Annemunde, sanctarum Virginum custos fidissime,
Agnus Dei qui tollis peccata mundi, etc. (3 fois.)
Antienne. O rubens veris æterni rosa, candescens cœli lilium,

sacrorum lumen Præsulum, beate Annemunde, sereno vultu sacras aspice Virgines, fove quas amasti, et protege quas genuisti.

℣ Beate Annemunde, flos Præsulum, urbis et orbis speculum.
℞ Virgines tibi devotas benigno aspectu recrea.

OREMUS.

Deus, qui beatum Annemundum Martyrem tuum, atque Pontificem miraculis gloriosum effecisti, ejusque tutelæ sacras Monasterii beati Petri Virgines commisisti : concede propitius, ut ejus meritis perfectam mentis et corporis sanitatem obtineant, et tandem ad æternæ felicitatis gaudium pervenire mereantur. Per Dominum.

6.

**Ode à saint Ennemond, fondateur de l'église
de Saint-Pierre de Lyon
et évesque de la mesme ville.**

Couronne riche et immortelle,
Décorant le chef du vainqueur
De la chair traistresse et rebelle,
Et le logeant au vray bonheur.

Faites une guirlhande ronde
A ce sobre et chaste Ennemond
Qui a foulé aux pieds le monde,
La chair et le rusé démon.

Que nous voyons sur son chef luyre
Les dyamans et les saphirs,
Qui autour de luy fassent rire
Les gratieux divins zéphirs.

Autant qu'il a vescu en terre,
Autant nous a-t-il enseigné
Comme nous poursuyurons la guerre
Et quel prix nous sera donué.

S'il a donné si bon exemple
A son catholique troupeau,
Tryomphant au céleste temple,
A bon droit y voit-il l'Agneau.

L'Agneau qui porte les blessures
Et les fautes et les péchez,
Les iniquitez, les ordures
Dont les mondains estoyent tachez.

Vous, belle rose, au ciel assise,
Glorieux Ennemond, mundez
Tous les forfaicts de vostre Eglise
Et de vos oraisons l'aidez.

Afin qu'aprez tant de batailles
Qu'elle aura reçeu dans son flanc,
Elle possède les entrailles
Qui nous ont purgé de leur sang (1).

---

(1) Cette pièce est extraite d'un petit volume in-32 (p. 189) publié en 1602, sous le titre de : *Les Flames de l'Amour divin*, et dédié par l'auteur, Pierre

7.

Antienne du Magnificat,

*Telle qu'elle a été chantée au Monastère des Dames bénédictines de la
Rochette, le 28 septembre 1876, pour la première fois depuis la
Révolution française.*

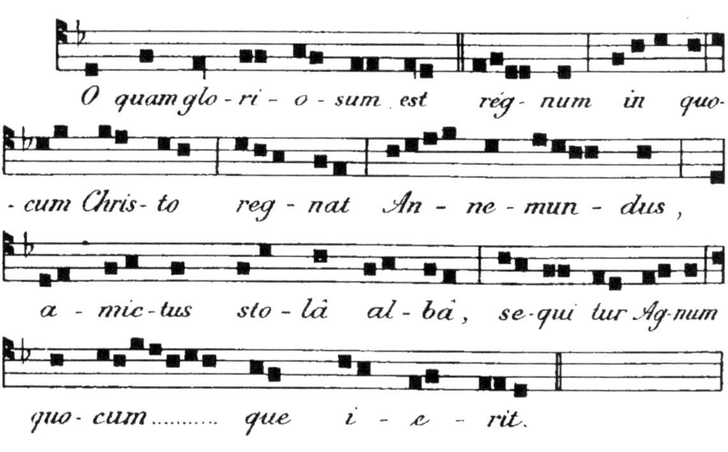

8.

Donation faite, le 26 décembre 1740, par Mlle de La Veühe en faveur de la chapelle de Saint-Ennemond, à Polignais.

Par devant M⁰ Tremollet, notaire royal ;
..... Aux charges, clauses et conditions suivantes :
..... En quatrième lieu, de payer la somme de deux cent
quatre-vingt-quatre livres, annuellement et à perpétuité, pour la

<hr>

Rabbi, religieux augustin d'Avignon, à très-illustre et très-religieuse Dame
M.-Françoyse de Beau-Vylliers, Abbesse du monastère royal de Saint-Pierre de
Lyon. Quoique cette ode n'ait rien de commun avec la poésie, j'ai tenu à la
signaler, parce qu'elle est un des rares débris qui nous restent sur le culte de
saint Ennemord.

rétribution et célébration d'une messe basse tous les jours de l'année, précédée ou suivie d'un *Salve* et d'un *de Profundis* que ladite demoiselle de La Veühe donne et fonde annuellement et à perpétuité, et veut être dites et célébrées dans la chapelle nouvellement édifiée audit Saint-Etienne, à la place de Polignais ; pour sûreté de laquelle fondation ou commission de messes, elle a destiné et destine la rente de deux cent quatre-vingt-quatre livres düe par ladite demoiselle Pierrefort ; lesquelles messes seront acquittées par M. Henry Bodet, prêtre sociétaire de l'ancienne église de cette ville, qu'elle nomme et choisit pour l'exécution de ladite fondation et célébration de messes pendant sa vie, qu'il acquittera ou fera acquitter, ainsi qu'il le jugera à propos ; et auquel ladite somme de deux cent quatre-vingt-quatre livres pour ladite rétribution sera payée par lesdits sieurs directeurs et leurs successeurs directeurs audit Hôtel-Dieu, sur ses simples reçus ou quittances de six en six mois, le premier payement de moitié commençant et échéant au 1er juillet prochain, et le second de l'autre moitié au 1er janvier suivant, et ainsi continuant annuellement et perpétuellement à semblables jours ladite fondation ou commission de messes pour avoir lieu et commencer au 1er janvier de l'année prochaine 1741, et ainsi continuer perpétuellement dans ladite *chapelle de Polignay* et *non ailleurs*, et ou (*sic*) par quelque cas imprévu on voudrait changer la destination desdites messes, et qu'il pourrait arriver qu'on ne les pourrait pas dire en ladite chapelle de Polignay, pour lors en ce cas et non autrement, ladite demoiselle de La Veühe veut que, pendant tout ce temps et néanmoins après le décès dudit M. Bodet, qui aura audit cas la liberté de les dire ou faire dire où bon lui semblera, elles soient célébrées dans la chapelle Notre-Dame de la Monta, par celui qui se trouvera pourvu de ladite fondation ou commission des messes, sans que cela puisse dépendre de sa volonté, voulant ladite demoiselle de La Veühe, qu'après le décès dudit M. Bodet il soit choisi et nommé par lesdits sieurs directeurs de l'Hôtel-Dieu et leurs successeurs directeurs, tel prêtre qu'ils voudront choisir de ladite église paroissiale de Saint-Etienne et *non d'ailleurs* pour ladite célébration des messes, les parents de la famille, au cas qu'il y en eût de prêtres, de ladite église paroissiale ou d'ailleurs néanmoins préférés à tout autre, et qu'en justifiant de leur parenté, c'est-à-dire le plus près parent au cas qu'il y en ait plusieurs de prêtres, pourra obliger les sieurs directeurs à le nommer et pourvoir de ladite fondation ou commission de messes, en vertu de la présente donation et en demander la préférence qui ne pourra lui être refusée par sa qualité. Et seront lesdites messes, *Salve* et *de Profundis* dites par ceux qui se trouveront pourvus tous les jours de chaque année, sans aucune interruption, aux heures les plus convenables au bien spirituel des voisins de ladite chapelle de Polignay, qui est le principal qui a engagé à la faire construire, et qui fait désirer à celui ou celle qui y a contribué à ce qu'elle subsiste à perpétuité. Et sera ladite rétribution de deux cent quatre-vingt-quatre livres payée audit prêtre choisi, nommé et pourvu, aux deux termes ci-dessus, sur ses simples reçus ou quittances (1) ».

9.

De l'office de saint Ennemond, dans les anciens missels et bréviaires lyonnais.

Aucun livre liturgique du XIIIe siècle ne renferme l'office de saint Ennemond. La raison en est simple : c'est que la fête du saint Martyr n'avait point encore été *établie* dans le diocèse ; elle se célébrait seulement dans l'abbaye de Saint-Pierre-les-Nonains. Mais, en 1393, elle fut étendue à toutes les églises par l'archevêque Philippe de Thurey (1389-1415), et, dès cette époque, l'office se rencontre dans tous les bréviaires et tous les missels.

1° **Missels lyonnais**. J'ai pu trouver, dans les bibliothèques privées ou publiques de Lyon, six missels différents (2), éche-

---

(1) Extrait des Archives de la Charité, à Saint-Etienne.

(2) 1° Missel in-folio manuscrit du XIVe siècle : — 2° Missel petit in-4° manuscrit de la fin du XIVe; — 3° Missel in-folio manuscrit du commencement du XVe; — 4° Missel in-folio manuscrit de 1487 ; — 5° Missel in-4° manuscrit sur vélin (même date), appartenant à la bibliothèque des comtes de Lyon (J. Alemanus, typ.) et dont un bibliophile émérite, M. Coste, a fait, à sa mort, don à la bibliothèque de la ville.

lonnées entre la fin du XIVe siècle et le commencement du XVIe. Dans chacun d'eux, le nom de saint Ennemond figure au calendrier (1) qui est en tête du volume, et, partout, la messe est identique. En voici le détail sommaire :

INTROIT. : *In virtute tua...*

ORATIO : *Infirmitatem...*

EPIST. : *Beatus vir qui inventus est..*

GRAD. : *Domine, prævenisti...*

EVANG. : *Nolite arbitrari...*

OFFERT. : *Gloria et honore...*

COMMUN. : *Magna est gloria...*

Dès le XVIe siècle (2), une légère addition est à relever dans la messe : l'*alleluia* est suivi d'une prose, prose du *Commun d'un Martyr*, il est vrai, mais qui était formellement prescrite, le 28 septembre. La voici :

> Hodierne sanctissima diei preconia
> Mente pia resonet ecclesia ;
> Martyris hujus collaudetur palma beata.
> Qui Christi sequens vestigia sacratissima
> Fortis, intrepidus, Christi gessit certamina,
> Ejus pro nomine dira passus supplicia.
> Cuncta vincens noxia, promeruit victoriam,
> Necnon et glorificatus celi scandit patriam ;
> Cujus petentes vera suffragia, dicamus Deo :
> Deus, benignè nostri miserere ; parcens debita,
> Mitis et nos justifica, dans æterna gaudia. Amen.

Les Missels du XVIIe siècle sont exactement conformes à ceux du XVI^r : l'un des plus curieux est celui qu'on voit aux Archives de la bibliothèque de Lyon (Lycée), sous la rubrique *Missale vetus;* il fut acheté en 1648, par Jean Plot, lorrain, demeurant à

---

(1) Le nom de saint Ennemond se lit encore, au 28 septembre, dans le calendrier d'un *psautier* qui porte, imprimés à la première page, les mots « Psalterium camere ad usum ecclesie Lugdunensis », 1498.

(2) Missel de 1500 ; — Missel in-8° de 1510 ; — Missel in-folio de 1556 ; — Missel in-4° même date. — Un missel d'Ainay, imprimé au monastère même, en 1531, donne une messe un peu différente, mais sans prose : c'est la messe *Gloria et honore* avec l'oraison *Præsta, quæsumus,* au Commun d'un martyr.

Amblagnieu (Isère.) — Vers 1692, Mgr de Neufville substitue l'Evangile *Nihil est opertum* à l'Evangile *Nolite arbitrari*, adopté jusqu'alors.

C'est au XVIIIe siècle seulement (1737) que Mgr de Rochebonne, à la suite d'une révision des missels antérieurs, donne, pour saint Ennemond, une messe sensiblement différente : l'Introït est nouveau, l'Oraison également, et l'Evangile, pris dans saint Jean, nous rappelle l'histoire du Bon-Pasteur (1).

Arrive enfin Mgr de Montazet (1771). Alors, sauf l'Oraison et l'Evangile que nous venons de citer, tout est nouveau, je veux dire *propre*, du commencement à la fin. C'est la messe qu'on a pu lire précédemment (page 108), messe très-belle, parce qu'elle est riche d'idées et que chaque texte s'y trouve admirablement accommodé à la mort et aux vertus du saint Evêque.

Dans le missel romain-lyonnais, tout est pris au *Commun d'un Martyr* : pas une ligne, pas un mot ne rappelle qu'il s'agit d'un saint de l'Eglise de Lyon.

2° **Bréviaires lyonnais.** Le plus ancien bréviaire sur lequel j'aie trouvé l'office de saint Ennemond date de la fin du XVe siècle : il porte, à la première page : « Breviarium camere ad usum ecclesie lugdunensis » ; c'est un grand in-4° imprimé sur vélin, et, à ce titre, précieux. — On y lit, au 28 septembre, *totum de uno Martyre*, sauf les Leçons propres, au nombre de neuf et ordonnées comme suit : les deux premières sont identiques à celles qu'on récite, au jour de la fête, dans l'office des Dames de Saint-Pierre (*Appendice,* n° 5) ; les deux suivantes reproduisent, à part quelques retouches insignifiantes, les Leçons qui se lisent au monastère le 2e jour de l'octave ; quant aux cinq autres, elles sont aussi, à quelques modifications près, semblables aux Leçons (3° et 4e jours de l'octave) du même office des Bénédictines.

Le premier bréviaire imprimé à Lyon (Janonus Carcani, typ., 1498) ne diffère point du précédent.

---

(1) C'est l'Introït « Placeo mihi in persecutionibus.....» du *Commun d'un Martyr*. Quant à l'Oraison, c'est « Deus qui beato Annemundo, Pontifici nostro...» qui apparaît pour la première fois. Mgr de Rochebonne disait dans la préface de son missel : « Plures Orationes ex antiquis sacramentariis sunt deprumptæ ; aliæ verò de novo compositæ, festivitatibus *accommodatæ* et actioni sacrificii congruentes....»

Même disposition dans un bréviaire du milieu du XVI° siècle.

L'édition publiée en 1619 par Mgr de Marquemont renvoie entièrement au *Commun d'un Martyr* ; il n'y a plus même de Leçons propres.

Mais, vers la fin du XVII° siècle, Mgr Camille de Neufville remet en honneur la légende de saint Ennemond. Si l'ensemble de l'office est pris au *Commun d'un Martyr*, les Leçons du II° Nocturne sont, du moins, des Leçons spéciales (1). Enfin, le III° Noc-

---

(1) Voici ces trois Leçons :

In II NOCT., LECTIO IV. Annemundus, à Romanis oriundus, fuit Sigonii et Petroniæ filius. Hic in regum Galliæ nutritus aulâ, Clodoveo secundo adeo charus erat, ut ejus consiliis plurimùm uteretur : et primogenitum suum Chlotarium tertium a sacro fonte levare ejusque susceptorem esse voluerit. Ejusdem voluntate in Lugdunensem Episcopum promotus est, et in hâc primâ Galliarum sede Etherio viro illustrissimo Dalphino qui eam Ecclesiam suo sanguine martyr decoravit, interjectis quibusdam aliis Episcopis etiam illustribus, successit. Fratri vero sancti Præsulis administratio provinciæ Lugdunensis concessa. Verum Clodoveo post annos aliquot vita functo, vir sanctus qui Dei et Ecclesiæ ministerio totum se tradiderat, artibus Ebroini majoris regiæ domûs, hominis crudelissimi et erga sacros probosque homines pessimè affecti, in suspicionem apud Chlotarium una cum fratre vocatus est. ℟.

LECTIO V. Fratre itaque sancti Præsulis accusato per calumniam, quasi excutere regis imperium tentasset, obtruncato Aureliis, beatus Episcopus, agnitis in se Ebroini machinationibus, primum Lugduno discessit. Mox autem confirmatus, omnique sui sollicitudine in Deum projectâ, regressus, dum orationi et piis operibus studiosius insistit, per Ebroini emissarios tentus, et mœrente ac lugente universâ civitate, pro inimicis Deum interpellans, Lugduno abstractus est specie abductionis ad regem. Verùm in itinere cum Cabillonem advenisset, jussu Ebroini, qui sancti senis ad regem adventum verebatur, et depellendas suo conspectu, suisque rationibus, impositas sibi, fratrique calumnias non dubitabat : noctu a militibus confossus est, die vigesimâ octavâ septembris. ℟.

LECTIO VI. Eam mortem decore martyrii fulgentem semper agnovit Lugdunensis Ecclesia, et beatum Præsulem, qui strenuè populorum sublevationem apud regem curabat, impii Ebroini odio, gladiis impiorum confossum, et pro justitiâ cæsum, recte martyribus enumerat. Ejus corpus Lugdunum divinitus fertur pervenisse et in insigni sancti Petri Monialium æde fuisse conditum ; quod ipsi monasterium, dum viveret, fuerat charissimum, et in quo sorores duas sacro virginitatis velo suis manibus imposito consecrarat. Pars vero sacrarum ejus reliquiarum, in Basilicam Apostolorum et quadraginta octo Martyrum, quæ postea sancti Nicetii nomen accepit, fuit illata. Sancti Præsulis sepulchrum in dictâ sancti Petri æde plurimis miraculis exornavit Deus, quæ in hunc usque diem perseverate frequens etiamnum populorum concursus testatur. ℟.

turne nous offre, sur l'Evangile *Nihil est opertum,* une intéressante homélie de saint Eucher.

L'édition de 1737 n'introduit dans l'office d'autre nouveauté que l'oraison *Deus qui beato Annemundo...,* et une homélie sur l'Évangile du Bon Pasteur. Les Leçons données par Mgr de Neufville sont conservées et tout le reste de l'office est pris, comme ci-devant, au *Commun d'un Martyr.*

Quels furent les changements que Mgr de Montazet fit subir au bréviaire? Personne ne l'ignore. Sans toucher donc aux détails connus, je rappellerai seulement que les Leçons de cette édition nouvelle (1771), reproduites, en 1815, par Mgr le cardinal Fesch, et, en 1844, par Mgr le cardinal de Bonald, ont été conservées dans le bréviaire romain-lyonnais (1865).

10.

Les Légendes des Saints.

« ..... Ce que l'école enseigne, ce que les missionnaires prêchent, la légende le raconte. Née depuis longtemps, mais encore faible, elle se développe surtout du sixième au huitième siècle, en l'absence des livres, et à l'intention du peuple comme des grands. Son histoire, facile à suivre, commence à la « *Lettre des Martyrs de Lyon* », qui relate une épreuve publique de la foi. Vers l'an 400, la *Vie de saint Martin* offre un thème plus vaste, le détail raisonné et savant d'une vie entière. Au sixième siècle, les actes des Saints forment une suite de beaux récits qui embrassent la période héroïque du christianisme, et que l'on recueille pour en donner lecture soit aux offices, soit pendant les repas. Ils reçoivent alors un titre collectif et simple qui dit la pensée de l'Eglise. On les appelle « ce qu'il faut lire », *legenda.*

« La popularité de ces petites biographies merveilleuses fut telle qu'elles embrassèrent peu à peu toute la vie du temps.

« ..... La légende dut son immense succès à la sincérité de la foi, à la détresse morale du temps et à la grande inspiration, humaine et divine tout ensemble, qui la dicta. Pour la foule qui l'écoutait, elle n'avait pas seulement l'attrait du merveilleux, le charme d'une longue aventure toujours renouvelée, et l'intérêt saisissant des exemples que nous aimons à composer à notre propre vie; elle était encore un idéal offert à chacun et un recours supérieur contre les réalités misérables de l'invasion. Au milieu du triomphe de la force, c'était l'histoire des âmes. Elle racontait l'affranchissement spirituel des hommes qui échappaient à la souffaance par la foi, l'intervention de Dieu dans les maux de l'humanité et les ressources morales que possède la nature humaine.

... L'imagination populaire était exaltée, par ces traditions pieuses, où, parmi des miracles divers et fréquents, le miracle de la puissance morale n'est jamais oublié...

(E. CHASLES, *Hist. nationale de la littérature française*, p. 200, sq.)

Lyon, le 27 novembre 1876.

Vu et lu par nous,

Doyen de la Faculté de théologie,

F. GUINAND.

Lyon, le 4 décembre 1876.

Vu et permis d'imprimer.

LE RECTEUR DE L'ACADÉMIE DE LYON,

DARESTE.

La soutenance

est fixée au lundi, 18 décembre 1876,

à dix heures et demie du matin.

TABLE DES MATIÈRES

Pages.

APPENDICE.

FIN DE LA TABLE DES MATIÈRES.

Bar-le-Duc. — Typographie des CÉLESTINS. — BERTRAND.

PUBLICATIONS

DE LA LIBRAIRIE ANCIENNE D'A. BRUN

DE LA SAUSSAYE, *les six premiers Siècles littéraires de
la ville de Lyon*, 1876, in-8° br. .... 4 fr.

DE LA ROQUE et DE BARTHELEMY, *Catalogue des Gen-
tilshommes du Lyonnais, Forez et Beaujolais*, 1861,
br. grand in-8°. Épuisé .... 3 »

A. BERNARD, *Histoire du Forez*, 1835, 2 vol. in-8° br.
Épuisés .... 16 »

DUGAS-MONTBEL (Forézien), *Homère, traduit en français :
observations sur l'Iliade et l'Odyssée*, 1834, 5 vol.
in-8° br. .... 12 »

GUICHER, *Mémoires d'Aubret*, pour servir à l'Histoire
des Dombes, 4 vol. in-f°, d. Bas. neuve .... 100 »

PARDIN, *Mémoires de l'Histoire de Lyon*, 1573, in-fol.
mouil. beau titre gravé, d. veau vert fil. .... 25 »

CHALANDON, docteur ès-lettres. *Essai sur la Vie et les
Œuvres de P. de Ronsard, poète vendômois*, joli vol.
in-8° br. .... 6 »

A. DE BOISSIEU, *les Inscriptions antiques de Lyon*,
magnifique vol. grand in-4° br. .... 60 »

Bar-le-Duc — Typographie des Célestins — Bertrand